Todos los libros de Linkgua Ediciones cuentan con modelos de Inteligencia Artificial entrenados por hispanistas. Pregúntale al chat de tu libro lo que desees acerca de la obra o su autor/a.

Para ebooks: Accede a nuestro modelo de IA a través de este enlace.

Para libros impresos: Escanea el código QR de la portada con tu dispositivo móvil.

Obtén análisis detallados de nuestros libros, resúmenes, respuestas a tus preguntas y accede a nuestras ediciones críticas generativas para una experiencia de lectura más enriquecedora.
La transparencia y el respeto hacia la autoría de las fuentes utilizadas son distintivos básicos de nuestro proyecto. Por ello, las respuestas ofrecen, mediante un sistema de citas, las fuentes con las que han sido elaboradas.

José Antonio Saco

Contra el anexionismo

Barcelona 2024
Linkgua-ediciones.com

Créditos

Título original: Contra el anexionismo.

© 2024, Red ediciones S.L.

e-mail: info@linkgua.com

Diseño de cubierta: Michel Mallard.

ISBN rústica ilustrada: 978-84-9007-821-1.
ISBN tapa dura: 978-84-9007-764-1.
ISBN ebook: 978-84-9897-028-9.

Sumario

Brevísima presentación

La vida

José Antonio Saco y López-Cisneros (1797-Barcelona, 1879). Cuba.

Fue discípulo de Félix Varela en el Seminario de San Carlos, donde se graduó como bachiller en Derecho Civil en 1819. Más tarde, en 1821, terminó sus estudios de filosofía en la Universidad de La Habana. En varias ocasiones fue diputado a las Cortes españolas, pero sus críticas a la metrópolis lo obligaron a exiliarse. Saco viajó por Europa y Estados Unidos y colaboró en diversas publicaciones de la época, entre ellas la Revista Bimestre Cubana, de la que fue director.

En este libro Saco analiza la historia de los movimientos políticos que pretendían la anexión de Cuba a los Estados Unidos durante el siglo XIX.

Origen del movimiento anexionista en Cuba

Acerca de la anexión. Motivos de su oposición a ella[1]

En 1837 quedó Cuba enteramente esclavizada. Ni las cortes ni el gobierno, que la despojaron de todos sus derechos, cumplieron la promesa de darle instituciones especiales. Pasaba un año tras otro, y ella sufría en silencio todos los males del despotismo. Buscábales un remedio; pero al mismo tiempo conocía que sus propias fuerzas no eran bastantes para conseguirlo. Aumentaba su dolor el ejemplo de su metrópoli, que ya empezaba a gozar de alguna libertad; y este contraste, tan injusto como humillante, avivaba en Cuba los deseos de mejorar de condición. Por otra parte, en la vecindad de aquella antilla existe un pueblo que presenta un espectáculo seductor. Su inmensa libertad, y su extraordinario y rápido engrandecimiento son estímulos muy difíciles de resistir; y para completar la seducción de los cubanos, la esclavitud de la raza negra fue sancionada en las instituciones de los Estados Unidos, viniendo de esta manera a identificarse en punto tan vital para Cuba los intereses de sus hijos con los de aquella república.

La idea de la anexión fue laborando en silencio; pero en 1846 todavía no era más que un simple y vago deseo que nadie intentaba realizar. La injusta guerra que la Confederación Norteamericana declaró a México en aquel año, y el triste desenlace que tuvo para esta república, pues que perdió una porción considerable de su territorio, transformaron de pronto la opinión de muchos cubanos. Los que anhelaban por la anexión creyeron, que así como los Estados Unidos habían triunfado en México, con la misma facilidad

1 *Colección de papeles científicos, históricos, políticos y otros ramos sobre la isla de Cuba, ya publicados, ya inéditos*, imprenta de D´Aubusson y Kugelmann, París, 1859 t. III, págs. 306-313.

se apoderarían de nuestra Antilla; y enarbolando públicamente su nueva bandera, apareció en Cuba desde 1847 un partido numeroso, que pasando de las ideas a los hechos, trató de ejecutar sus proyectos valiéndose de las armas.

Mientras estas cosas pasaban, estalló en febrero de 1848 la revolución francesa, y proclamada la república, los anexionistas de Cuba cobraron nuevo brío, juzgando que el momento decisivo había llegado ya. Otro partido mucho más formidable que el primero alzó también la cabeza en los Estados Unidos, juntóse con el cubano, y declarándose no ya el protector, sino el ejecutor de la anexión, se aprestó a invadir a Cuba para enseñorearse de ella.

Yo desde Europa seguía paso a paso, y con suma ansiedad, todos sus movimientos. Ligado por antiguos y estrechos vínculos de amistad con algunos de los corifeos anexionistas, ellos trataron desde el principio de incorporarme a sus filas, y aun me ofrecieron 10.000 pesos para que fundase y dirigiese un periódico en Nueva York; mas yo, lejos de dar oído a sus invitaciones, aunque confieso que se las agradecí, hice cuanto pude para apartarlos de una senda en que solo veía males para ellos y desgracias para Cuba.

No tengo, escribía yo desde París, el 19 de marzo de 1848, a uno de los principales anexionistas, residente entonces en Nueva York, no tengo que andar contigo con preámbulos. Conoces a fondo mi corazón y mis ideas, y por lo mismo, es inútil que te haga mi profesión de fe pública. Si los amigos de la Isla, me preguntas, te pusiesen aquí 10.000 pesos para que redactases un periódico, ¿aceptarías la honrosa responsabilidad? Con la mano puesta sobre la conciencia, y con los ojos clavados en la patria, francamente respondo que no. Oye mis motivos, pues tú y mis demás amigos tienen derecho a saberlos.

Y entrando en ellos, concluí mi carta con el siguiente párrafo:

No, caro amigo, no por Dios. Apartemos del pensamiento ideas tan destructoras. No seamos el juguete desgraciado de hombres que con sacrificio nuestro quisieran apoderarse de nuestra tierra, no para nuestra felicidad, sino para provecho suyo. Ni guerra, ni conspiraciones de ningún género en Cuba. En nuestra crítica situación, lo uno o lo otro es la desolación de la patria. Suframos con heroica resignación el azote de España; pero suframoslo procurando legar a nuestros hijos, sino un país de libertad, al menos tranquilo y de porvenir. Tratemos con todas nuestras fuerzas de extirpar el infame contrabando de negros; disminuyamos sin violencia ni injusticia el número de éstos; hagamos lo posible por aumentar los blancos; derramemos las luces; construyamos muchas vías de comunicación; hagamos en fin todo lo que tú has hecho, dando tan glorioso ejemplo a nuestros compatriotas, y Cuba, nuestra Cuba adorada, será Cuba algún día. Estos son mis ardientes votos, y éstos deben ser los tuyos y los de todos nuestros amigos.

Mis esfuerzos fueron inútiles. Los anexionistas, llenos de esperanza, se separaron enteramente de mí; y como persistiesen en llevar adelante sus proyectos, yo me hallé entonces en la dolorosa necesidad de anunciarles con toda franqueza, que iba a escribir contra la resolución anexionista. Pero antes de reimprimir el papel que publiqué en 1848, conviene decir algo acerca de mis opiniones particulares, y los motivos que a escribir me impulsaron.

¿Hícelo acaso por odio a la anexión? Aunque, nunca he sido anexionista, confieso que ese sentimiento no fue el móvil de mi pluma; y juro por mi honor, que si yo la hubiera considerado como necesaria e indispensable para la salvación de Cuba, en vez de combatirla, le habría dado mi débil apoyo.

Pero detente, me dirán: ¿es posible que te atrevas a negar que en otro tiempo fuiste anexionista? ¿No está ahí para condenarte el último párrafo del Paralelo que escribiste en 1837?

Cuando digo que nunca fui anexionista, no es porque yo piense que el haberlo sido en un tiempo, y dejado de serlo en otro, pueda mancillar el honor de quien en tal caso se hallare. Mientras no se sacrifican los principios políticos y morales, y las bases que sirven de fundamento a la libertad y al progreso de los pueblos; mientras las variaciones solamente recaen sobre los medios que de buena fe se adopten para lograr resultados más ventajosos; lícito es al hombre, y a veces muy meritorio, el renunciar a sus opiniones y abrazar otras nuevas. Numerosos ejemplos de este cambio feliz nos ofrecen la religión y la política. San Pablo, el apóstol de los gentiles y perseguidor de los cristianos, abjuró el paganismo y se convirtió a la nueva religión de Jesús. El gran san Agustín, renunciando los errores de los maniqueos, no fue solo la columna más firme del catolicismo, sino que combatió la misma secta a que había pertenecido. En la edad moderna, en nuestros mismos días, dos de los hombres más célebres de la Inglaterra han debido gran parte de su fama al cambio de sus ideas políticas. Wellington y Peel fueron los constantes enemigos de la emancipación de los católicos, pero ellos fueron también los que en 1829 tuvieron la gloria de abrir a éstos el Parlamento y otras carreras del Estado. ¿No fue ese mismo Peel uno de los adversarios de la reforma mercantil? ¿Y no fue también él quien subió a la inmortalidad, renunciando a sus anteriores ideas, y abrazando y planteando las que por tantos años había combatido? Saco, pues, ser incomparable a esos hombres eminentes, pudo sin mengua suya, y con beneficio de su patria, dejar de ser anexionista.

Aun pudo suceder más. Supóngase que yo fui anexionista en 1837, o antes, si se quiere: supóngase que hubiese permanecido en las mismas ideas y sentimientos en 1848; todavía pude, a pesar de eso, haber escrito, como lo hice, contra la anexión sin ser inconsecuente; porque siendo ella entonces imposible, razón tuve para combatirla como inoportuna y peligrosa.

Pero yo nunca me he hallado en tal caso; y los que de anexionista me tacharon, en grave error incurrieron. El argumento en que todos se fundaron son las palabras del último párrafo del citado Paralelo; pero en mi réplica al señor Vázquez Queipo (Colección de papeles, t. III pág. 269) expliqué el verdadero sentido de aquel párrafo. Léase con cuidado y en él se verá la gradación que sigo en mis ideas. Lo primero que deseo es que Cuba, libre y justamente gobernada, viva unida a España. Lo segundo, que disuelta esta unión, ora por la madre, ora por la hija, Cuba trate de conservar su nacionalidad, y de constituirse en estado completamente independiente. Lo tercero, que si las circunstancias le fueran tan adversas, que no pueda existir por sí sola, ni salvarse de su total ruina sino arrojándose en los brazos de los Estados Unidos, entonces y solo entonces lo haga como la única tabla a que pueda asirse en su naufragio.

Esto quise yo en 1837, cuando escribí el Paralelo; ¿y al hombre que tal quiso, se le puede tachar de anexionista? Yo no acudí a la anexión sino en un caso extremo, en el caso terrible de que ella y solo ella fuese para Cuba el único salvamento.

Pero esto, y esto cabalmente, fue lo mismo que quise en 1849, cuando repliqué a los anexionistas: «No se crea, empero, por esto (dije yo entonces) que siempre y en todos casos combatiría yo la anexión. Hay uno, al contrario, en que le prestaría todos mis servicios. Si condenados los cubanos por un adverso destino a perder sus fortunas, sus vidas y su nacionalidad, no encontrasen otro medio de salvarse que incorporándose a los Estados Unidos, entonces yo sería el primero que en el duro trance de perderlo todo, los exhortaría a que sacrificasen su nacionalidad y buscasen su salvación en el único puerto donde pudieran encontrarla.»[2]

2   Réplica a los anexionistas.

Tal fue mi lenguaje en 1849, en los momentos mismos de estar combatiendo la anexión; y ¿no cuadra él perfectamente con lo que dije en 1837? Si pues entonces yo fui anexionista, forzoso es que los que de tal me acusaron, también convengan en que lo fui en 1849, porque en ambas épocas expresé la misma idea, según acabo de probar; y si en 1849 no fui anexionista, por identidad de razón tampoco lo fui en 1837.

A que no lo fuese, contribuyó sobremanera lo que vi en Nueva Orleáns en 1832. Hallábame allí de paso para La Habana en circunstancias de hacerse la elección de un diputado para la legislatura de la Luisiana. Dos eran los candidatos: uno, criollo francés, rico, y de las principales familias de aquella ciudad; otro, americano, y de raza anglosajona. La elección fue vivamente disputada; formáronse los campos; las dos nacionalidades estaban frente a frente; ningún americano votaba por el francés; ningún francés por el americano. Agotadas las fuerzas de ambos partidos, triunfó al fin, por un cortísimo número de votos, el candidato francés, que era M. Marigny, suegro del valentísimo habanero don Francisco Sentmanat.

Cuando fui a cumplimentar al electo diputado y a su esposa, ésta me recibió con los ojos arrasados en lágrimas y suspirando: «Ah, M. Saco, me dijo, estos son los últimos esfuerzos del partido francés: ya estamos en las últimas agonías, y dentro de poco seremos devorados por la raza que es ama de nuestro país.»

Estas palabras hicieron en mí una impresión muy profunda; y cuando dejé las márgenes del Mississippi, si bien llevaba en mi pecho la libertad, no me acompañaba por cierto la anexión.

Mis ideas desde entonces permanecieron inalterables en ese punto; y las rarísimas veces que ligeramente hablé de él con algún amigo, ya en Cuba, ya en Europa, siempre fue manifestando mi repugnancia a la anexión. Mucho antes que ella se presentase en toda su fuerza, ya empecé en mis escritos a dar claros indicios de que no era anexionista. En mi Carta sobre el informe fiscal del señor Vázquez Queipo, dije a la página 216 de este tomo, abogando por la colonización: «Con Tejas también se nos infunden alarmas; pero no hay paridad entre lo que allí ha sucedido y la colonización cubana. Tejas era una provincia desierta, casi perdida en los confines de una nación despedazada por las facciones, puesta en contacto con una república poderosa, y con una dilatada e indefensa frontera que no podía contener el torrente de aventureros que pérfidamente se preparaban a precipitarse sobre ella.»

Estas últimas palabras bien dan a entender que yo no era partidario de la anexión. Y cuando desde principios de 1847 traslucí que las cosas iban tomando un carácter alarmante, me aproveché de la primera ocasión que se me presentó para exponer mis ideas con toda claridad, a fin de que todos supiesen cómo pensaba yo. En mi Réplica... al señor Vázquez Queipo me expresé así:

Por brillante y seductora que sea la perspectiva de los Estados Unidos, debo confesar con toda la franqueza de mi carácter que no soy de los alucinados ni seducidos. Sin profetizar cuál será el porvenir de la América en el transcurso de los siglos, bien podemos asegurar que, encerrándonos en el horizonte que nos rodea, la anexión o incorporación de Cuba a la República Norteamericana, si no es hoy una cosa imposible, por lo menos va acompañada de gravísimas dificultades. Es de tal importancia la Isla de Cuba, que su posesión daría a los Estados Unidos un poder tan inmenso, que la Inglaterra y la Francia no solo verían muy comprometida la existencia de sus colonias en América, sino que aun sentirían menguar el poderoso influjo que ejercen en otras partes del mundo. Una incorporación forzada produciría una guerra desastrosa entre la república de Washington y la España, Inglaterra y Francia. No es probable que la primera triunfase de las tres últimas; pero aun cuando triunfase, ¿cuál sería la suerte de Cuba convertida en teatro de una lucha sangrienta y desoladora? Nunca olvidemos que si en ella se empeñasen los Estados Unidos, sería por su engrandecimiento territorial y político, mas no por la felicidad de los actuales habitantes de Cuba. Que estos perecieran, con tal que ellos lograsen sus fines: nada, nada importaría, pues Cuba sería repoblada por sus nuevos poseedores. Si la Confederación Norteamericana desea que Cuba se le incorpore, debe abrir negociaciones con España para ver si se la vende; debe también entenderse con Inglaterra y con Francia; y si fuere tan feliz que lograre allanar todas las dificultades, entonces Cuba, tranquila y llena de esperanzas, podrá darle un abrazo. Pero mientras sean otros los medios de que se valga aquella República, Cuba, en las delicadas circunstancias en que se encuentra, debe mantenerse firme en su actual posición, sin dar oído a sugestiones lisonjeras que la conducirían a su ruina.

He aquí lo que yo escribí en julio de 1847 y he aquí el poderoso motivo que me obligó a combatir la anexión. Para mí era evidente que ella no se podía conseguir, pues la ocasión que se había escogido era de las más importunas. Cuba por sí no tenía fuerzas para realizar sus deseos. Tampoco podía lograrlos con auxilio de los Estados Unidos, sin que éstos entrasen en guerra con España, Inglaterra y Francia. Pero ¿desconoce tanto sus intereses aquella república que se hubiese lanzado a tan desigual y funesta lucha? Nunca lo creí. Declarada la guerra, inmediatamente se hubieran cerrado para los Estados Unidos los tres grandes mercados de Inglaterra, Francia y países españoles. Con la superioridad de las escuadras combinadas de aquellas dos naciones se hubiera puesto un bloqueo riguroso a los puertos de la Unión. Dominados por ellas el estrecho de Gibraltar y el angosto paso del Sund, ningún buque americano hubiera podido entrar en el Mediterráneo, ni en el Báltico, y su bandera hubiera desaparecido de todas las costas que bañan esos dos mares.

Arrojadas de Europa las naves americanas, y perseguidas hasta sus últimos escondrijos por los numerosos buques de guerra e infinitos corsarios que cubrirían todas las aguas del globo, el comercio de la república hubiera sido completamente aniquilado.

Ni son estas las únicas desgracias que ella hubiera llorado. Tan terrible situación la hubiera conmovido hasta sus fundamentos, y en el conflicto de todos los partidos, es muy probable que la confederación se hubiera disuelto. Nada importa que un ejército de sus esforzados voluntarios hubiese invadido a Cuba; otros ejércitos enemigos, también valientes, la hubieran defendido; hubiérasela bloqueado herméticamente; y cayendo sobre ella con espantoso furor todas las calamidades de la guerra, pronto se hubiera convertido en un montón de ruinas, sin conseguir la anexión.

Desgraciadamente se cometieron tres errores en tan peligrosa cuestión. El primero fue haberse imaginado que con los elementos inconciliables de su población, Cuba podía resistir el terrible embate de una revolución. El segundo, haberse figurado que la inmensa mayoría de los cubanos seguiría la bandera anexionista, arriesgando su fortuna, su vida y sus familias. El tercero, haber creído que la anexión por las armas era un asunto aislado que solo había de decidirse entre España y los Estados Unidos; que éstos romperían lanzas contra todo el mundo, y que la Inglaterra y la Francia, que se hallaban en paz y en perfecta inteligencia, y que tantos intereses tienen que defender en América, hubieran permitido en silencio que aquella república arrancase a Cuba de la corona de Castilla.

Los tristes acontecimientos que sobrevinieron disiparon las ilusiones; y al recordarlos ahora, no es para celebrar el triunfo de mis ideas sobre antiguos amigos, compañeros y patricios, sino para que sirvan de lección y ejemplo, y que más circunspectos en el porvenir, si algún día acontece una revolución, sea solamente cuando

se tenga la certeza de que redundará en bien y gloria de nuestra
patria.

Ideas sobre la incorporación de Cuba en los Estados Unidos (1848)[3]

> El día que me lanzara en una revolución, no sería para arruinar mi patria, ni deshonrarme yo, sino para asegurar su existencia y la felicidad de sus hijos.
> Réplica de Saco a Vázquez Queipo

Confieso con toda la sinceridad de mi alma que nunca se ha visto mi pluma tan indecisa como al escribir este papel; y mi indecisión procede, no del asunto que voy a discutir, sino de la situación particular en que me hallo. Consideraciones que pesan mucho sobre mi corazón me imponen un respetuoso silencio, y guardaríalo profundamente si ellas fuesen las únicas que mediasen en la grave cuestión que debemos resolver; pero, cuando me veo en presencia de un peligro que puede amenazar a la patria, me juzgaría culpable si, habiendo hablado en ocasiones menos importantes, no manifestase en esta mis ideas. En mi favor invoco el derecho que todos tienen a emitir las suyas, y así como soy indulgente, aún con los de opiniones contrarias a las mías, hoy reclamo para mi, no la indulgencia que a otros concedo, sino tan solo la tolerancia. A mí personalmente, una revolución en Cuba, lejos de causarme ningún daño, me traería algunas ventajas. Desterrado para siempre de mi patria por el despotismo que la oprime, y aun errante en mi destierro, la revolución me abriría sus puertas para entrar gozoso por ellas: pobre en Europa y abrumado de pesadumbres por mi condición presente y un triste porvenir, la revolución podría enriquecerme y asegurar sobre alguna base estable el reposo de mi vida: sin empleos, honores

---

3   Con este título, el año 1848, imprimió José Antonio Saco un folleto en París, en la Imprenta de Panckoucke, calle de Portevins, n.º 14, que luego se reprodujo varias veces (nota de Fernando Ortiz).

ni distinciones, la revolución me los daría. Si, pues, tanto me da la revolución ¿por qué no marcho bajo sus banderas? ¿Por qué vengo a combatirla, renunciando a sus favores? Sé que algunos dirán que mis opiniones son retrógradas; otros, que soy un apóstata; y aun no faltará quien pregone que he vendido mi pluma, para escribir contra la anexión. Pero a los que estas y otras cosas digan, si las dicen de buena fe, los perdono; y si de mala, los desprecio.

Contemplando lo que Cuba es bajo el gobierno español, y lo que sería incorporada a los Estados Unidos, parece que todo cubano debiera desear ardientemente la anexión; pero este cambio tan halagüeño ofrece al realizarse grandes dificultades y peligros.

La incorporación solo se puede conseguir de dos modos: o pacíficamente o por la fuerza de las armas. Pacíficamente, si verificándose un caso improbable, España regalase o vendiese aquella isla a los Estados Unidos; en cuya eventualidad, la transformación política de Cuba se haría tranquilamente y sin ningún riesgo. Por lo que a mí toca, y sin que se crea que pretendo convertir ningún cubano a mi opinión particular, debo decir, francamente que, a pesar de que reconozco las ventajas que Cuba alcanzaría formando parte de aquellos Estados, me quedaría en el fondo del corazón un sentimiento secreto por la pérdida de la nacionalidad cubana. Apenas somos en Cuba 500.000 blancos, que en la superficie que ella contiene bien pueden alimentarse algunos millones de hombres. Reunida que fuese al norte de América, muchos de los peninsulares que hoy la habitan, mal avenidos con su nueva posición, la abandonarían para siempre; y como la feracidad de su suelo, sus puertos magníficos y los demás elementos de riqueza que con tan larga mano derramó sobre ella la Providencia, llamarían a su seno una inmigración prodigiosa, los norteamericanos dentro de poco tiempo nos superarían en número y la anexión, en último resultado, no sería anexión, sino absorción de Cuba por los Estados Unidos. Verdad es que la isla, geográficamente considerada, no desaparecería del grupo de las Antillas; pero yo quisiera que, si Cuba se separase, por cualquier evento, del tronco a que pertenece, siempre quedase para los cubanos, y no para una raza extranjera. «Nunca olvidemos (así escribía yo hace algunos meses a uno de mis más caros amigos) que la raza anglosajona difiere mucho de la nuestra por su origen, por su lengua, su religión y sus usos y costumbres; y que, desde que se sienta con fuerzas para balancear el número de cubanos, aspirará a la dirección política de los negocios de Cuba; y la conseguirá, no solo por su fuerza numérica, sino por que se considerará como nuestra protectora o tutora y mucho más adelantada que nosotros en materias de gobierno. La conseguirá, repito, pero sin hacernos ninguna violencia y usando de los mismos derechos que nosotros. Los norteamericanos se presentarán ante las urnas electorales; nosotros también nos presentaremos; ellos votarán por los suyos y nosotros por los nuestros; pero como ya estarán en mayoría, los cubanos serán excluidos, según la misma ley, de todos o casi todos los empleos: y doloroso espectáculo es por cierto que los hijos, que los amos verdaderos del país, se encuentren en él postergados por una raza advenediza. Yo he visto esto en otras partes, y sé que en mi patria también lo vería; y quizá también vería que los cubanos, entregados al dolor y a la desesperación, acudiesen a las armas y provocasen una guerra civil. Muchos tacharán estas ideas de exageradas y aun las tendrán por un delirio. Bien podrán ser cuanto se quiera; pero yo desearía que Cuba no solo fuese rica, ilustrada, moral y poderosa, sino que fuese Cuba cubana y no angloamericana. La idea de la inmortalidad es sublime, porque prolonga la existencia en los individuos más allá del sepulcro; y la nacionalidad es la inmortalidad de los pueblos y el origen más puro del patriotismo. Si Cuba contase hoy millón y medio o dos millones de blancos, ¡con cuánto gusto no la vería yo pasar a los brazos de nuestros vecinos! Entonces, por grande que fuese su inmigración, nosotros nos los absorberíamos a ellos, y creciendo y prosperando con asombro de la tierra, Cuba sería siempre cubana. Mas, a pesar de todo, si por algún acontecimiento extraordinario la anexión pacífica, de que he hablado, pudiera efectuarse hoy, yo ahogaría mis sentimientos dentro del pecho y votaría por la anexión.»

El otro medio de conseguirla sería por la fuerza de las armas. Pero ¿podemos los cubanos empuñarlas, sin envolver a Cuba en la más espantosa revolución? ¿Con qué apoyo sólido contamos para triunfar de la resistencia que encontraríamos? ¿Entramos solos en la lid, o auxiliados por el extranjero? Examinemos separadamente lo que sucedería en cada uno de estos casos.

De raza africana hay en Cuba como 500.000 esclavos y 200.000 libres de color. Los blancos, unos son criollos, y otros peninsulares, y aunque aquéllos son más numerosos, éstos son más fuertes no solo por la identidad de sentimientos que los une, sino porque tienen exclusivamente el poder, el ejército y la marina, y ocupan además todas las plazas y fortalezas de la isla. Ilusión sería figurarse que los peninsulares se adhiriesen en las actuales circunstancias al grito de los cubanos en favor de la anexión. Habría tal vez, entre los ricos, un cortísimo número que, deslumbrados con la idea del valor que pudieran adquirir sus propiedades, depusiese su españolismo y se acogiese al nuevo pabellón. Pero la inmensa mayoría se mantendría fiel al estandarte de Castilla. Se opondrán, pues, porque fuerza es confesar que los españoles en América, son más españoles que en España; —porque, habiendo perdido ya sus admirables colonias en el nuevo continente, el orgullo nacional los obliga a defender a fuego y sangre el único punto importante que les queda—; porque desde Cuba pueden fomentar todavía su comercio en varios países de América, y aun adquirir en ellos alguna influencia política; —porque todas las industrias que hoy los enriquecen, pasarían a los norteamericanos, pues no podrían entrar en competencia con rivales tan activos y tan diestros—; porque, en fin, de amos de Cuba descenderían a un rango inferior; y si a todos los hombres siempre es duro este sacrificio, al español le sería insoportable, no solo por el recuerdo de lo que fue en aquellos países, sino por la intolerancia de su carácter y el odio con que mira la dominación extranjera. Si los españoles deploran, y en mi sentir con razón, el triunfo de los Estados Unidos en México, que ya no les pertenece, ¿como podrían unirse a los que vienen a despojarlos de una propiedad que tanto estiman? —No hay, pues, que contar con su apoyo, ni aun con su neutralidad; y tengamos por cierto que, en cualquiera tentativa armada por la anexión, los encontraremos en el campo enemigo.

Pero yo he supuesto lo que no es. He supuesto que todos los cubanos desean y están dispuestos a pelear por la incorporación. Es muy fácil que los hombres se engañen tomando por opinión general la que solo es del círculo en que ellos se mueven; y yo creo que en este error incurrirían los que se imaginasen que los cubanos piensan hoy de un mismo modo en cuanto a la anexión; en La Habana, Matanzas, y otras ciudades marítimas bien podrían existir en ciertas clases, tales o cuales ideas; pero si consultamos el parecer de la población esparcida en otras partes, conoceremos que todavía no ha penetrado en ella tanta filosofía. Si el país a que hubiésemos de agregarnos fuese del mismo origen que el nuestro, México por ejemplo, suponiendo que este pueblo desventurado pudiese darnos la protección de que él mismo carece, entonces por un impulso instintivo y tan rápido como el fluido eléctrico, los cubanos todos volverían los ojos a la región de Anahuac. Pero cuando se trata de una nación extranjera que otra, para la raza española extraño fenómeno sería, que la gente cubana en masa rompiendo de un golpe con sus antiguas tradiciones, con la fuerza de sus hábitos y con el imperio de su religión y de su lengua, se arrojase a los brazos de la Confederación Norteamericana. Este fenómeno solo podrá suceder si persistiendo el gobierno metropolitano en su conducta contra Cuba, los hijos de esta antilla se ven forzados a buscar en otra parte la justicia y la libertad que tan obstinadamente se los niega. Aun en las ciudades de la Isla donde más difundida pudiese estar la idea de la anexión, mirarían ésta con repugnancia los que viven y medran contentos a la sombra de las instituciones actuales; los obligados a pasar por el nivel de la igualdad americana, perderían el rango que hoy ocupan en la jerarquía social; y si a ellos se juntan el número de los indolentes, de los pacíficos y de los tímidos, resultará que el partido de la anexión no será muy formidable. ¿Y esta fracción, que seguramente encontrará al frente suyo a otra más poderosa, esta fracción es la que podría salir vencedora en empresa tan arriesgada?

Admitamos por un momento que ella llegase a triunfar. Seguiríase de aquí que habiendo sido los cubanos bastante fuertes para sacudir por sí solos la dominación española deberían constituirse en estado independiente sin agregarse a ningún país de la tierra. Así pensarían unos, pero otros estarían por la anexión; y esta divergencia de pareceres en punto tan esencial enconaría las pasiones de los partidos y podría ocasionar grandes conflictos.

Mas concédase que todos los cubanos caminan de acuerdo y piden a una la anexión; todavía quedan pendientes otras dificultades muy graves. En la Confederación Americana, los estados del Norte, justamente alarmados de la preponderancia que van adquiriendo los del Sur, están resueltos a combatir la agregación a la República de nuevos estados de esclavos; y la reciente determinación que se acaba de tomar, prohibiendo la esclavitud en el Oregón, es un anuncio de los obstáculos que encontraría la incorporación de Cuba, pues no hay duda que con ella se rompería de una vez el equilibrio entre el septentrión y el mediodía. Encarnizada sería la contienda entre partidos tan opuestos; y si cuando la cuestión se presentase no estuviese reunido el cuerpo legislativo americano —único juez competente para decidirla—, sería menester aguardar a que de nuevo se juntase, quedando Cuba, entretanto, entregada a la más terrible incertidumbre y expuesta a los embates de los elementos internos y externos que podían conjurarse contra ella.

Reflexionemos, por otra parte, que la incorporación de Cuba en los Estados Unidos turbaría necesariamente las relaciones pacíficas entre ellos y España. Sabido es que aquí hay un partido de la guerra, de la funesta escuela de Jackson; pero también hay otro, muy numeroso y muy respetable de la paz; y la lucha que se trabase entre los dos bien podría conmover hasta los fundamentos de la república. No es pues, tan fácil como se cree, aun suponiendo a Cuba triunfante, su agregación a los Estados Unidos. ¿Pretendemos acaso parodiar la anexión de Tejas? Pero el caso es absolutamente desigual. Tejas se alzó contra México, su población se componía de norteamericanos; no había potencias interesadas en agitarlo; carecía de negros y de esclavos y su independencia no solo fue reconocida por los Estados Unidos, sino por Inglaterra y otras naciones. ¿Serían estas las circunstancias de Cuba que para echarse en los brazos de la república americana escoge el momento crítico de hacer su insurrección sin aguardar a constituirse en gobierno independiente ni a ser reconocida por otras potencias? Y si resultase, lo que nadie puedo tener por imposible, si resultase, que los Estados Unidos no quisiesen recibirnos como miembros de su gran familia, ¿qué sería entonces de Cuba cuando en el concepto de los mismos anexionistas ella no puede existir por sí sola? Forzosa consecuencia sería, o tender de nuevo el cuello a! yugo español, o condenar la isla a una ruina inevitable.

Pero te engañas, me dirán, los Estados Unidos nos protegen, y con su auxilio triunfaremos. La nueva fórmula con que ahora se presenta la cuestión, lejos de inspirarme confianza, aumenta mis temores. Si los auxilios son morales, se reducirán a buenos deseos, a vanos ofrecimientos y a palabras pomposas, que, alucinando a muchos, no salvarán a nadie en la hora del peligro. ¿Serán físicos los auxilios, únicos que pudieran ser eficaces en nuestra angustiada situación? Mas, ¿quién los da? ¿Será aquel pueblo? ¿Será su gobierno? En los hábitos utilitarios y espíritu positivo de aquella república no es probable que ella arriesgue su dinero en empresa tan aventurada. Atrévome a asegurar que, mientras sean cubanos los que dieren la cara, quedándose al paño los norteamericanos, toda su protección consistirá en la tolerancia de ciertos actos que, aunque reprobados por el derecho de gentes, no comprometen la paz entro ellos y España.[4] Ye quisiera infundir mis ideas a todos mis compatricios; quisiera que desconfiasen de todas las promesas, aunque saliesen de la boca del mismo Presidente, y quisiera que ninguno se prestase incautamente, a pesar de la mejor intención, a ser juguete de planes e intrigas, que si se frustran, solo perjudicarán a Cuba y a sus hijos; y si se realizan aprovecharán a los que nada pierden ni arriesgan. A ser yo conspirador por la anexión, exigiría al gobierno de los Estados Unidos que, si realmente la desea, ya que Cuba por sí sola no puede conseguirla, empezase por preparar una escuadra y un ejército de veinticinco o treinta mil hombres; y que el primer acto de su declaración de guerra contra España fuese la invasión de Cuba. Este golpe atrevido, aunque en mi concepto arruinaría la isla, tendría al menos el mérito de la franqueza y del valor.

Esta invasión es la suposición más favorable que puedo hacer para el triunfo de las ideas anexionistas. Pero ¿cuáles serían las consecuencias? Mucho se engañan los que piensan que el gobierno español se dejaría arrebatar la importantísima isla de Cuba sin una defensa desesperada. Mal calculan los que se fundan en la debilidad de España. Débil es acá, en Europa, en una guerra ofensiva; débil allá en América para reconquistar las posesiones que ha perdido; pero en Cuba es fuerte, y muy fuerte para arruinar

4   Los hechos posteriores comprobaron esta verdad (nota de Saco, en 1859).

a los cubanos; y su fuerza principal estriba en los heterogéneos y peligrosos elementos de su población. ¿Por ventura está el gobierno de Cuba tan destituido de recursos que, dueño como es de toda ella, no pueda resistir por algún tiempo a los invasores? ¿No cuenta con un ejército respetable y fiel a toda prueba, pues que todo se compone de españoles europeos? ¿No armaría a miles de los peninsulares residentes en aquella isla, y que sin familia cubana que los ligue servirían gustosos a la causa de la madre patria? Y prolongada la lucha, no meses, sino solo semanas, ¿qué brazo poderoso podrá impedir la destrucción de Cuba... para los cubanos? Empeñada la guerra, cualquiera de los dos partidos que flaquease, y sobre todo el español, ¿no llamaría en su auxilio a nuestro más formidable enemigo? ¿No alcanzaría el grito mágico de libertad reforzando sus legiones con nuestros propios esclavos? Y cuando esto sucediese, que infaliblemente sucedería; ¿dónde está la ventura que encontrarían los cubanos peleando por la anexión? Aun cuando ninguno de los partidos beligerantes llamase en su socorro auxiliares tan peligrosos, ellos no permanecerían tranquilos. Si hoy lo están en medio de la ardiente atmósfera que respiran, debido es a la unión saludable en que viven todos los blancos; pero el día en que el trueno del cañón los separe, ese día podrán renovarse en Cuba los horrores de Santo Domingo. Moveríanse allí los africanos por la fuerza de sus instintos; moveríanse por los ejemplos que les ofrecen las Antillas extranjeras; moveríanse por el fanatismo de las sectas abolicionistas, que no dejarán escapar la preciosa coyuntura que entonces se les presenta para consumar sus planes; moveríanse, en fin, por los resortes de la política extranjera, que sabrá aprovecharse diestramente de nuestros errores y disensiones.

Bulle en muchas cabezas norteamericanas el pensamiento de apoderarse de todas las regiones septentrionales de América hasta el istmo de Panamá. La invasión de Cuba por los Estados Unidos descubriría en ellos una ambición tan desenfrenada, que alarmaría a las naciones poseedoras de colonias en aquellas partes del mundo. Yo no sé si todas ellas, sintiéndose amenazadas, harían causa común con España; pero Inglaterra, que es cabalmente la que más tiene que perder, miraría como una fatalidad que Cuba cayese en todo su vigor y lozanía bajo el poder de los Estados Unidos. Ella, pues, abierta o solapadamente, según creyera que mejor cumplía a los fines de su política, se mezclaría en la contienda, y sus parciales en Cuba serían más numerosos que los de la república americana; pues ésta, a lo más, solo contaría con los cubanos; mas aquélla reuniría en torno suyo a los peninsulares, porque defendería los intereses de España, y a todos los individuos de raza africana, porque éstos saben que ella hace a los esclavos libres y a los libres ciudadanos, mientras los Estados Unidos mantienen a los suyos en dura esclavitud. ¿No proporcionaría recursos a España para que continuase la guerra? ¿No le permitiría que en Jamaica y en sus otras islas vecinas reclutase soldados negros que simpatizarían con los africanos de Cuba? ¿Y qué sería de esa infeliz antilla, destrozada por la guerra civil y sometida a un tiempo a la perniciosa influencia de dos naciones rivales o enemigas? ¿Y triunfarían, al cabo, los Estados Unidos? Triunfen en buena hora; pero su triunfo sería sobre las cenizas de la patria. Quedaríales el punto geográfico; pero sobre ese punto se alzarían más de 600.000 negros bañados en la sangre de sus señores y ofreciendo a los estados meridionales de aquella confederación un ejemplo terrible que imitar.

No hay país sobre la tierra donde un movimiento revolucionario sea más peligroso que en Cuba. En otras partes, aun con solo la probabilidad de triunfar se pueden correr los azares de una revolución, pues, por grandes que sean los padecimientos, siempre queda el mismo pueblo; pero en Cuba, donde no hay otra alternativa que la vida o la muerte, nunca debe intentarse una revolución, sino cuando su triunfo sea tan cierto como una demostración matemática. En nuestras actuales circunstancias, la revolución política va necesariamente acompañada de la revolución social; y la revolución social es la ruina completa de la raza cubana. Sin duda que los oprimidos hijos de aquel suelo tienen muchos agravios que reclamar contra la tiranía metropolitana; pero por numerosos y graves que sean, los hombres previsores jamás deben provocar un levantamiento que, antes de mejorar nuestra condición, nos hundiría en las más espantosas calamidades. El patriotismo, el puro o ilustrado patriotismo debe consistir en Cuba, no en desear imposibles, ni en precipitar el país a una revolución prematura, sino en sufrir con resignación y grandeza de ánimo los ultrajes de la fortuna, procurando siempre enderezar a buena parte los destinos de nuestra patria.

Ni en la presente situación de Cuba ni en los extraordinarios acontecimientos que han perturbado la Europa en 1848, encuentro ningún motivo de los que se llaman vitales que nos fuerce a buscar la anexión por medio de las armas. ¿Será que los cubanos consideran su suerte tan insoportable que, ciegos y desesperados, quieran entregarse a la venganza y a otras pasiones indignas de sus pechos generosos? Si tal hicieran, las consecuencias pesarían más sobre ellos que sobre los enemigos de quienes intentaran vengarse.

¿Se buscará la incorporación por temor de que España, en sus revueltas intestinas, mande libertar los esclavos? De las cinco razones que tengo para creer lo contrario solo apuntaré cuatro. 1.º Tal vez en el curso de los años, España pensará lo mismo que Inglaterra, Francia y Dinamarca; pero hoy no está ni en sus ideas ni en sus intereses el abolir la esclavitud: y lo mismo piensan en cuanto a ella progresistas y moderados, que republicanos y absolutistas. Díganlo, si no, aquellos ingleses que, en sus correrías por Madrid, Barcelona y otras ciudades de la Península, anduvieron regando la semilla abolicionista, y en todas partes encontraron un terreno estéril e ingrato. 2.º A no haber sido por las continuas y enérgicas reclamaciones del gabinete inglés, todavía España estaría inundando a Cuba de esclavos africanos. En la cuestión negrera se observan dos periodos muy marcados: el de la supresión del tráfico, y el de la emancipación. Aquél siempre precede a éste; y si España apenas ha entrado en el primero, y eso a impulso de una fuerza exterior poderosa, ¿cómo se la podrá considerar tan adelantada que ya esté en el último término del segundo? 3.º Pero aun cuando hubiese llegado a él, su propio interés le serviría de freno, pues ella conoce que la abolición en masa atacaría violentamente las propiedades de cubanos y europeos, y que, reuniéndose todos para defenderlas, no temerían declararse independientes. 4.º España sabe que los millones de pesos fuertes y los demás provechos y granjerías que saca anualmente de Cuba son producto del trabajo de los esclavos. ¿Cómo, pues, en sus apuros pecuniarios, cortará ella de un golpe el árbol frondoso que tan sazonados frutos le presenta?

¿Será la anexión para libertarnos de las tentativas de Inglaterra contra Cuba? En nuestra posición no debemos adormecernos con una vana confianza ni tampoco exagerar los peligros. Cierto es que los hacendados de las Antillas británicas desearían que los de Cuba no fabricasen azúcar con más ventajas que ellos; cierto que el gobierno inglés se alegraría de que las ideas de propaganda alcanzasen también a nuestra isla; ¿pero se infiere de aquí que él pretenda realizar sus deseos apoderándose de Cuba o destruyéndola? Nunca menos que ahora puede él emprender esta tremenda cruzada: y no lo digo con relación al estado en que se halla la Europa; no lo digo porque el abatimiento en que han caído las Antillas británicas a consecuencia de la emancipación repentina de sus esclavos, ha entibiado algún tanto en Inglaterra el fervor de los abolicionistas y disminuido el número de sus prosélitos; dígolo, sí, porque esta nación sabe que, aun cuando España le vendiese a Cuba los Estados Unidos se opondrían vigorosamente a que pasase a sus manos una isla que no solo domina todas las aguas del golfo mexicano, sino parte de las costas orientales de dicha república.

La esclavitud misma de Cuba dará a Inglaterra algunos embarazos para su adquisición, porque en el acto que la poseyera, habría de proclamar la libertad, ora indemnizando a los amos el valor de los esclavos, ora sin indemnizarlos.

Si no los indemniza, el descontento general de aquéllos será tan grande, que, considerándose arruinados, nada les impediría hacer una revolución, que sería sumamente provechosa a los Estados Unidos. Si los indemniza, aun a precios muy bajos, forzoso le será añadir al valor que pagaría por Cuba, la suma de muchos millones de pesos fuertes. ¿Y para qué tantos sacrificios? Para entrar inmediatamente en una guerra desastrosa con la Confederación Norteamericana. Tranquilicémonos, pues, y no temamos en vernos convertidos en súbditos ingleses. Líganos con la Gran Bretaña tratados solemnes sobre el tráfico de esclavos; cumplámoslos religiosamente, y ella se abstendrá de ciertas aspiraciones que, llevando en sí el carácter de una intervención en nuestros asuntos domésticos, provocarían al punto la de los Estados Unidos. Estos, y no España, éstos, no por nuestro bien, sino por su propio interés, éstos son en nuestra situación actual el escudo más fuerte que nos cubre contra cualquiera desleal tentativa del gobierno británico. Pero si nosotros, rompiendo imprudentemente este equilibrio conservador, llevamos a nuestro suelo el azote de la guerra, entonces aquel gabinete podrá realizar cuantas miras siniestras se le quieren suponer, pues que nosotros mismos le ofrecemos la ocasión más favorable.

¿Harán los cubanos la anexión para libertar sus esclavos? Solo pensarlo es un delirio; y si lo pensasen por un trastorno completo de las leyes morales que rigen el corazón humano, no deberían empezar por encender en su patria una guerra asoladora, sino ponerse de acuerdo con su metrópoli y ejecutar pacíficamente sus benéficas intenciones.

¿Será, al contrario, para reanimar el tráfico de esclavos, introduciéndolo no de África sino de los Estados Unidos? Esto, que a muchos parecerá un bien, yo lo tengo por un mal, como diré más adelante.

¿Será solo por mantener la esclavitud? Pero ¿quién trata de emancipar los esclavos? España no lo sueña, y la Inglaterra ni tiene derecho para mezclarse en esta cuestión, que es peculiarmente nuestra, ni tampoco presenta una actitud amenazadora; y si la tomase, encontraría las graves dificultades que acabo de manifestar. Es, pues, evidente que haríamos la revolución por un temor imaginario. Y los que la hiciésemos ¿cómo no advertimos que la guerra por la anexión sería el medio infalible de perder nuestros esclavos? ¿Y los conservaríamos, aun en el caso de reunirnos pacíficamente a la Confederación Norteamericana? Acaso el porvenir no es tan brillante ni tan sólido como generalmente se cree, pues la incorporación no pone los esclavos de Cuba a cubierto de todas las eventualidades.

Nadie me negará que es muy posible una guerra entre los Estados Unidos y la Gran Bretaña, y muy posible la hace la política belicosa de un partido que desea expulsarla del septentrión de la América. Crece esta posibilidad, si en las próximas elecciones para la presidencia de la república llega a subir al poder el general Cass. En estas circunstancias ¿cuál sería la suerte de Cuba, si incorporada en los Estados Unidos se rompiesen las hostilidades entre las dos potencias? Dominando Inglaterra los mares con sus escuadras formidables, bloquearía nuestros puertos, impediría los socorros que pudiera darnos la Confederación, nuestros frutos no podrían exportarse, y por colmo de infortunio, echaría sobre nuestras costas un ejército de negros, más temibles por sus simpatías y sus ideas que por sus bayonetas y cañones. Cuba, pues, perecería, y perecería asida a la bandera que habría enarbolado coma símbolo de salvación.

Pero ni salvación muy segura me parece que habría para la conservación de la esclavitud, aun en medio de la paz. No negaré que la agricultura cubana tomaría con la anexión un vuelo prodigioso; pero este vuelo sería debido en mucha parte a los esclavos procedentes de los criaderos americanos; y lo que tan ventajoso fuera para la prosperidad material de Cuba, complicaría su posición política y social. La raya que separa los Estados del norte de los del sur va ahondándose de día en día. La cuestión de La esclavitud se está hoy debatiendo en ellos con más vehemencia que nunca, y la fogosa polémica de la prensa, sostenida por oradores entusiastas en las justas públicas que se celebran, hacen ya palpitar las entrañas de la república. Si Cuba formase hoy parte de ella, estaría incomparablemente más inquieta que al presente; y aun quizás se vería obligada a tomar violentas precauciones para impedir que en ella cundiese el contagio de la propaganda. Acaso no dista mucho el día en que los Estados Unidos del norte fulminen su anatema contra las regiones del sur: su separación será entonces inevitable, y Cuba, arrastrada por la necesidad de conservar sus esclavos, seguiría la suerte de la nueva nación que al sur se formará. Entrando en ella, no solo echará de menos en su nueva alianza todo aquel grado de fuerza y protección que fue a buscar en los brazos de la disuelta confederación, sino que quedaría reunida a la parte de ella menos civilizada, menos industriosa, y por desgracia compuesta de distintas razas, tanto más antipáticas, cuanto una de ellas es blanca y dominadora, y otra negra y esclava.

Los pueblos de la antigüedad pudieron vivir muchos siglos rodeados de la esclavitud; pero las modernas sociedades de América, que llevan en su seno esta gangrena, estando constituidas sobre bases muy diferentes, preciso es que sufran las consecuencias de su viciosa organización, o que se atemperen a los principios dominantes de nuestra edad. ¿Y me permitirán mis compatriotas que les hable aquí con toda franqueza? ¿Se indignarán contra mí lo mismo que en años pasados, cuando habló sobre los peligros del comercia de esclavos? ¿Las lecciones de la experiencia, no los habrán hecho más tolerantes y previsores? ¿Conjurarán la tempestad, apartando la vista de la nube o enmudeciendo a su aspecto? No se me tache, pues, de abolicionista, porque no lo soy: yo no soy más que un mensajero del tiempo, un mensajero pacifico del siglo XIX, que es el único abolicionista. Las voces penetrantes que resuenan en Europa, y que incesantemente atraviesan los mares; el clamor continuo que baja del septentrión de la América, y los ejemplos irresistibles que ofrecen las Antillas extranjeras y las repúblicas hispanoamericanas, anuncian a Cuba que su verdadera salvación y estabilidad consiste, no en injertarse en un tronco enfermo como el suyo, sino en arrojar el veneno que roe sus entrañas. Diránme algunos que pienso así porque no tenga esclavos; pero por lo mismo que no los tengo, veo las cosas desde un punto de vista más claro, pues ni me ciega el interés ni me alucinan falsas esperanzas. No propondré una marcha precipitada como la de los ingleses y franceses, porque en nuestro estado no solo es imposible, sino injusta, impolítica y desastrosa. La ley publicada en Colombia, en 1821, ha sabido conciliar, sin sacudimientos ni violencias, los grandes intereses que juegan en esta delicada cuestión, y tomándola por base de nuestra reforma social, puede modificarse según las circunstancias: y una de las modificaciones que yo haría, si alguna parte tuviese en tan importante trabajo, sería la de dar otra patria a todos los nuevos libertos, pues harto crecido es ya el número de los que hay en nuestro suelo.

Bien se me alcanza que al leer el párrafo anterior muchos dirán que estoy abogando indirectamente por la independencia, pues a no ser por los esclavos, mucho tiempo ha que los cubanos la habrían proclamado. Así lo cree el gobierno, y por eso han escogido como piedra angular de su política en Cuba la esclavitud de los negros y el tráfico de ellos, que tan criminalmente ha protegido. De aquí la repugnancia a fomentar la población blanca, y el empeño en introducir una nueva raza de Asia o de América para más complicar la situación. Este error, no menos funesto a la colonia que a la metrópoli, nace de haber identificado a Cuba con las posesiones del continente de América, cuando sus circunstancias son tan diversas, pues lo que fue en aquéllas un suceso inevitable, en Cuba, aun sin esclavos, es sobremanera difícil. Las colonias continentales de España estaban asentadas en la vasta superficie que se extiende desde las Californias hasta la Patagonia, y desde las aguas del Atlántico hasta las playas del Pacífico; mas Cuba solo ocupa un espacio muy pequeño en el mar de Las Antillas. La población de aquéllas era muy superior en número a la de su metrópoli; mas la de Cuba, sobre ser muy escasa, está compuesta en mucha parte de peninsulares. Defendían a aquéllas de los ataques exteriores la inmensa distancia que las aparta de Europa, la dificultad de sus comunicaciones internas, la espesura de sus bosques y la fragosidad de sus montañas; mas Cuba dista menos de España, y menos todavía por los prodigios del vapor, apenas entonces conocidos; es de fácil acceso por todas sus costas, y en razón de su misma pequeñez, está cortada de caminos en casi todas sus direcciones. Propagado en aquéllas el fuego de la insurrección cómo sujetar a un tiempo países tan inmensos y tan lejanos? Si todo el gran poder de Inglaterra no habría podido someterlos, ¿sería bastante a conseguirlo una nación empobrecida, sin ejércitos ni escuadras, y que acababa de salir tan postrada de la sangrienta lucha con el Capitán del siglo? Cuba, empero, por su corta extensión tiene menos recursos para su defensa, pues estrechado por la naturaleza el círculo de sus maniobras militares, puede el gobierno reconcentrar con ventaja en un solo punto todas las fuerzas de la nación, y cargar con ellas sobre una débil antilla, abierta por todas partes a los golpes del enemigo.

Reflexione el gobierno que el mal que tome es menos grave que el que pretende evitar, pues aun en el caso de que sus temores pudieran realizarse en el largo transcurso de los tiempos, siempre le quedaría en Cuba una rama española y un buen mercado español. Reflexione que la raza africana es tan irreconciliable con los europeos como con los cubanos, y que si funesta puede ser para los unos también puede serlo para los otros. Reflexione que así como el que se apoya en los esclavos para evitar in independencia, otros pueden también servirse de ellos para conseguirla. Reflexione que son un gran embarazo en sus relaciones diplomáticas, y que si por desgracia tuviese que sostener una guerra con alguna potencia marítima, los esclavos serían los enemigos más formidables de Cuba. Reflexione que tarde o temprano llegará el día en que la esclavitud ha de sufrir profundas modificaciones; y que si poco a poco no las va preparando, podrá verse forzado a resolver de un golpe el problema, perdiendo entonces a Cuba por los mismos medios con que intentó preservarla. Reflexione, en fin, que si hay algún interés que pueda reunir los peninsulares a los cubanos para hacer la independencia, este interés es la esclavitud. Unos y otros están muy inquietos por el temor de perderlos repentinamente. Sus temores crecen con los acontecimientos que pasan alrededor suyo; y como el vacilante estado de la política de España no les inspira confianza, no sería extraño que en un momento de conflicto, entendiéndose cubanos y europeos, por la comunidad de intereses y peligros, o se declarasen independientes, o se pusiesen bajo el amparo de algún pueblo vecino. Así vendría a suceder, que la misma esclavitud en que el gobierno español se apoya para dominar a Cuba, fuese el instrumento escogido por la Providencia para castigar su pecado.

Si aquella isla se pierde por un levantamiento de los esclavos, o por una revolución anexionista, el gobierno español será el único responsable de cuantas desgracias pueden acaecer. A mí no me consta si en Cuba ha habido conspiración o conspiradores en favor de la anexión: lo que sí me consta es que reina en todos los cubanos un profundo descontento y un vehemente deseo de salir de la esclavitud política en que se hallan. Y no me vengan a citar en contra las serviles representaciones que allí acaban de hacer, ofreciendo al trono vidas y haciendas en prueba de fidelidad. En los países despóticos, el pueblo no puede expresar su opinión, y en Cuba, donde no hay más voz ni voluntad que la de los hombres que mandan, y donde las firmas son arrancadas violentamente por el temor de la persecución, muy templada ha de ser el alma del cubano a quien, presentándole uno de esos documentos, vergüenza de mi patria y de la historia, se resista a poner su nombre en ellos.

Por más que digan los parciales y aduladores, la Isla de Cuba es apenas una sombra de lo que pudiera y debiera ser. Aun la misma agricultura, que tanto nos ponderan, pues que en ella consiste su riqueza, ¿no está todavía en su infancia, reducida a una esfera muy pequeña y asentada exclusivamente sobre el deleznable cimiento de la esclavitud? Pero, aun suponiendo que estuviese en el último grado de perfección, ¿piensa el gobierno que toda la felicidad de los cubanos debe estar cifrada en vender azúcar, café y tabaco, en pasearse en carruaje por las tardes y en divertirse en bailes y teatros? Los pueblos, al paso que adelantan en civilización, van adquiriendo nuevas necesidades, y los que antes vivieran contentos con solos los goces físicos, ya hoy tienen exigencias intelectuales, políticas y morales que satisfacer. La sabiduría de un buen gobernante consiste en observar atentamente estos progresos sociales para poner en armonía con ellos las instituciones, pues resistir ciegamente, permaneciendo en la inmovilidad, es provocar una revolución. Cuba se va acercando ya al punto crítico en que la cultura de sus moradores, y lo que es más alarmante todavía, la injusticia y los ultrajes que están sufriendo sus hijos, hacen imperiosa en ella una reforma política. Americanos, isleños y continentales han sentido en todos tiempos el cruel azote de su metrópoli; pero mientras ésta no tenía instituciones liberales, cabía en la apariencia la disculpa de que los españoles corrían igual suerte en todas las Españas, mas hoy, ¿qué excusa podrá alegar el gobierno en justificación de la bastarda política que sigue en Cuba?

Esta colonia, aunque con suma repugnancia de la madre patria, gozó de algunos derechos políticos en tres intervalos que corrieron de 1812 a 1836; pero desde entonces cayó de nuevo, y de una vez, bajo el despotismo colonial. En la Constitución promulgada en 1837, se ofreció gobernar a Cuba por leyes especiales y aunque más de once años ha[5] que la nación, congregada en cortes constituyentes, le hizo esta solemne promesa, a la hora en que esto escribo ni los gobernadores de Cuba tienen menos facultades, ni los gobernados más derechos que en los tiempos de Carlos IV. Nada exagero al afirmar que menos oprimidos vivían los cubanos bajo el cetro absoluto de los monarcas de Castilla, que en los días constitucionales de la reina Isabel II. Ellos pagaban entonces menos contribuciones relativamente a sus riquezas; de hecho gozaban de cierta tolerancia y libertad, que hoy sería delito practicar; la persecución política era desconocida, porque el gobierno era menos suspicaz; a pesar de que hoy existen honrosas excepciones. La generalidad de los empleados, que de España pasaban a aquel país, eran menos insolentes y corrompidos; ejercían los cubanos en su propia tierra todos los empleos municipales, y llamábaseles a la carrera de las armas, a la magistratura y aun al gobierno civil y militar de los pueblos. Pero hoy la peor tacha que para ocupar estos puestos se puede poner a un cubano, es la de haber nacido en Cuba; y si alguno por casualidad los alcanza, es a fuerza de paciencia, de empeños y de dinero. El talento, la instrucción, la honradez y el patriotismo, prendas tan estimadas en otros países,

5   Ya van corridos, no once sino veintiún años, y todavía no ha cambiado el sistema político con que a Cuba se gobierna (nota de José A. Saco, en 1858).

son en Cuba un crimen imperdonable, y mientras la suerte de la patria está confiada a manos torpes o impuras, los cubanos de buena ley, o arrastran su vida proscritos en tierras extranjeras, o para escapar de la persecución tienen que buscar un refugie en la oscuridad o en el silencio. Tal es la brillante posición que ocupa hoy el cubano en el suelo que le vio nacer; tales las caricias con que lo agasaja la mano paternal del gobierno. Ye he observado en América y Europa que los criollos de las colonias de Francia y de Inglaterra se glorían en llevar los dictados de ingleses y franceses y mucha honra tienen en identificarse con los progenitores de sus respectivas metrópolis. ¿Por qué, pues, no sucede lo mismo a los cubanos? Porque la ley eterna que escribió naturaleza en el corazón del hombre prohíbe que amemos al tirano que nos oprime, aunque sea nuestro propio padre.

Lástima da oír los motivos que se alegan para gobernar a Cuba despóticamente. Afirman en primer lugar, que la libertad concedida a las colonias del continente por la Constitución de 1812 fue el origen de la independencia.[6] Absurdo mayor con dificultad se comete. La idea de la independencia se puede decir que empezó con la conquista, y así lo comprueban los recelos y desconfianza del gobierno contra Colón y Cortés; las ambiciones personales de los jefes que en ellas mandaban, y las guerras civiles del Perú. Gritos de independencia resonaron en el siglo XVIII; independencia era el noble sentimiento que ardía en el pecho de los americanos desde las márgenes del San Lorenzo hasta el estrecho de Magallanes; y por independencia debían suspirar tantos pueblos esclavizados.

Dejo aparte (así decía el célebre Conde de Aranda en su famoso informe secreto a Carlos III en 1783) el dictamen de algunos políticos, tanto nacionales como extranjeros, en que han dicho

---

6   Esta idea se repite con más extensión en *La situación política de Cuba y su remedio* (nota de Saco, en 1858).

que el dominio español en las Américas no puede ser duradero, fundados en que las posesiones tan distantes de su metrópoli jamás se han conservado tanto tiempo. En el de aquellas colonias ocurren aún mayores motivos, a saber: la dificultad de socorrerlas desde Europa cuando la necesidad lo exige: el gobierno temporal de virreyes y gobernadores, que la mayor parte van con el único objeto de enriquecerse; las injusticias que algunos hacen a aquellos infelices habitantes; la distancia de la soberanía y del tribunal supremo donde han de acudir a exponer sus quejas; los años que se pasan sin obtener resolución; las vejaciones y venganzas que mientras tanto experimentan de aquellos jefes; la dificultad de descubrir la verdad a tan larga distancia; y el influjo que dichos jefes tienen, no solamente en el país con motivo de su mando, sino también en España, de donde son naturales: todas estas circunstancias, si bien se mira, contribuyan a que aquellos naturales no estén contentos, y que aspiren a la independencia siempre que se les presente ocasión favorable.

Véanse aquí trazadas en compendio las causas verdaderas de independencia de las colonias españolas. Lo único que les faltaba para realizar sus deseos era una coyuntura favorable, y ésta se les presentó con la invasión de España por las tropas francesas en 1808. Así fue que desde entonces se empezó a descomponer el edificio gótico colonial y algunas de las columnas que lo sustentaban se desplomaron, aun antes de haberse publicado la Constitución de 1812. Lo admirable es, que tan inmensos países, tan arbitrariamente gobernados y tan distantes de Europa, hubiesen permanecido encadenados hasta el siglo XIX a una metrópoli tan decadente como España. Y ya que esta nación desventurada, en medio de las tormentas que la sacuden, lucha por regenerarse, procure afianzar su poder en Cuba bajo los principios conciliadores de una libertad racional. La independencia de aquella isla es un acontecimiento muy improbable; y tanto más improbable, cuanto más justo y templado sea el gobierno que la dirija. Tome España lecciones de los pueblos que están más adelantados que ella. Vea como ni Inglaterra ni Francia han temido conceder derechos políticos a sus colonos. Aquélla perdió los Estados Unidos; mas no por eso privó de libertad a las colonias que la gozaban; ni menos dejó de dispensarla al Canadá que carecía de ella, cuando lo ganó por conquista, a pesar de su contacto inmediato con la república americana. Ese mismo Canadá se sublevó contra su metrópoli en 1839; pero ésta, después de haberlo subyugado, no apeló al despotismo para gobernarlo, sino a las mismas libres instituciones que le había concedido.

Pero Inglaterra, y esta es la segunda razón que invocan para oprimirnos, Inglaterra es una nación poderosa y puede sujetar las colonias que se le alcen; mas España, siendo débil, perdería las que le quedan, si renunciase al despotismo. Cabalmente de aquí se infiere todo lo contrario, pues por lo mismo que Inglaterra es fuerte, podría abusar de su poder, esclavizando sus colonias, sin cuidarse del enojo que les causara; mas España, que siente sus pocas fuerzas, debe ser más moderada y circunspecta en el ejercicio de su autoridad, pues en la hora del peligro cuenta con menos recursos para someter los pueblos que su tiranía ha irritado.

Dicen por último, que, como en Cuba hay esclavos negros, no es dable que los blancos tengan libertad política. Once años ha que examiné detenidamente esta materia[7] y trabajo me cuesta resistir a la tentación de insertar aquí todas las razones que expuse entonces; pero omitiéndolas, en gracia de la brevedad, me contentaré con transcribir lo relativo a las Antillas inglesas.

Pero estrechemos más las distancias, y pasemos a considerar las colonias inglesas en el mismo archipiélago de las Antillas. Re-

7   Examen analítico..., publicado en Madrid, 1837.

gidas están por un gobierno liberal, y en casi todas se congrega anualmente una asamblea legislativa nombrada por el pueblo, sin que la gente de color haya tomado nunca parte en su formación. La prensa no está sujeta a trabas ni censura; y no solo es libre como en Inglaterra, sino que está exenta de ciertas cargas que sufre en la metrópoli. Para hacer más patente el punto que estoy demostrando, muy importante será enumerar la población blanca y de color de esas colonias, pues así aparecerá la enorme diferencia que hay entre ellas y Cuba y Puerto Rico.[8] Y como el establecimiento de las asambleas anglo-coloniales no es de fecha reciente, daré más fuerza a mis razones citando siempre que pueda no los últimos censos de esas islas, sino otros formados en años anteriores.

El estado que precede demuestra evidentemente que las colonias inglesas, teniendo una población de color que comparada con los blancos es muchísimo más numerosa que la de Cuba y Puerto Rico, gozan sin embargo de las ventajas de un gobierno liberal. Y cuando este espectáculo hiere incesantemente todos nuestros sentidos ¿qué razones se podrían alegar para que en las provincias hispano-ultramarinas no se establezcan instituciones semejantes?

España oprimiendo a sus colonias ha perdido un continente. Ensaye ahora para los restos preciosos que le quedan un nuevo modo de gobierno, el único compatible con sus actuales instituciones y con las urgentes necesidades de Cuba. La libertad que a ésta se conceda, en vez de relajar los vínculos que la ligan con su metrópoli, servirá para apretarlos, pues, reparando injusticias y agravios envejecidos, desarmará la cólera secreta de un pueblo que hoy gime

8   Este es el máximum exagerado de la población blanca, pues muchos creen que solamente llegaban a 30.000.

encadenado. Engañan al gobierno los que le dicen que ese pueblo está contento. Por mal que suene mi voz a sus oídos, impórtales mucho escucharla, pues exenta de todo temor y de toda esperanza, les habla francamente la verdad. Si en el mundo hay alguna colonia que no tenga simpatías con su metrópoli, Cuba es esa colonia. Créame el gobierno, porque soy cubano, y porque, además de ser cubano, es como piensa mi país. Tiempo es todavía de ganarse el corazón de aquellos moradores; pero esto no se consigue con bayonetas, proscripciones, ni patíbulos. Comience una nueva era para todos, cese la mortal desconfianza con que se mira a los cubanos, dénseles derechos políticos, ábranseles libremente todas las carreras, y fórmese una legislatura colonial para que ellos tomen parte en los negocios de su patria; pero si en vez de este camino, sigue el gobierno la marcha tortuosa que hasta aquí, tenga por cierto que el descontento crecerá, y día podrá llegar en que, pospuesto los intereses materiales —único dique que al presente contiene los justos deseos de libertad—, estalle una revolución que sea cual fuere el resultado para Cuba, a España siempre será funesto. Vivimos en una época de grandes acontecimientos, y nadie puede pronosticar hasta dónde llegarán las cosas, si España se hallase envuelta en una guerra europea, o despedazada por la anarquía. La palabra anexión empieza a repetirse en Cuba; el extraordinario engrandecimiento de los Estados Unidos y la plácida libertad de que gozan son un imán poderoso a los ojos de un pueblo esclavizado; y si España no quiere que los cubanos fijen la vista en las refulgentes estrellas de la constelación norteamericana, dé pruebas de entendida, haciendo brillar sobre Cuba el Sol de la libertad.

París, 1.º de noviembre de 1848

Contra la anexión la situación política de Cuba y su remedio

Yo no soy alarmista pero a España y a Cuba mi patria debo la franca manifestación de la verdad. Claro aparece hoy el horizonte cubano; ¿mas no vendrán a oscurecerlo nuevas tempestades? ¿El escarmiento terrible de los invasores de Playitas en la madrugada del 12 de agosto bastará para consolidar la tranquilidad de Cuba? En el brillante triunfo que acabamos de alcanzar,[9] yo no veo más que una tregua, y de ella debemos aprovecharnos para conjurar los peligros externos e internos que amenazan a nuestra Isla. Los primeros nacen del Norteamérica; los segundos de las instituciones que rigen en Cuba; y aunque ambos males son muy graves, tienen por fortuna un remedio tan fácil, que el gobierno de la madre patria puede aplicarlo el día que quiera.

Peligros externos

Dos son los móviles principales que impelen a una parte del pueblo americano a la adquisición de Cuba; el deseo de engrandecerse, y el interés de la esclavitud. ¿Pero acaso ni el uno ni el otro han cesado ya con el drama sangriento representado en Cuba? Ellos existen lo

---

9   Estas palabras, acabamos de alcanzar, metieron mucho ruido en el campo anexionista. Acabamos de alcanzar, dije entonces, y acabamos de alcanzar, repito ahora porque cuando escribí este papel, había enarboladas en Cuba dos banderas: una de la anexión y otra de la antianexión, bajo la cual militaba yo, no para derramar sangre, sino para impedir que inútilmente se manchasen con ella los hermosos campos de mi patria. Algunos gritaban entonces que yo me había españolizado; que yo era mal cubano; mas a ese grito respondí con el más silencioso desprecio, pues vindicarme de tal imputación hubiera sido degradarme. Mis hechos son mi defensa, y ellos más que mis palabras confundirán a mis enemigos (nota de Saco). Colección de papeles..., t. III, pág. 444.

mismo que antes, y aunque es probable que dormiten por algún tiempo creo que despertarán con más fuerza cuando se les presente una ocasión favorable.

En años anteriores, todas las esperanzas de muchos hijos de la república americana se cifraban en adquirir el hemisferio en que habitan desde el polo del norte hasta el istmo de Panamá; pero no contentos ya con tan vasto territorio, hoy proclaman en sus periódicos y juntas públicas que conquistarán todo el nuevo mundo. Un país donde se propagan ideas tan peligrosas, es una amenaza inmediata a todos los pueblos vecinos. Obsérvese la marcha del engrandecimiento territorial de los Estados Unidos. Sus primeras adquisiciones fueron por título legítimo, pues compraron la Luisiana a la Francia y las Floridas a España; mas de Tejas ya se apoderaron de un modo infame. Cuando se trató de resolver la cuestión del Oregón, bien quisieron apropiárselo todo, y solo el temor de una guerra con la Gran Bretaña fue lo que hizo entrar en razón. Provocaron después las hostilidades contra México, y por una de las guerras más inicuas le despojaron de gran parte de su territorio. Por último, los repetidos amagos contra Cuba, las dos invasiones en ella en el corto espacio de catorce meses, y las maquinaciones que se están fraguando contra la infeliz nación mexicana, manifiestan hasta donde llega la criminal ambición de una democracia desenfrenada.

El interés de la esclavitud es hoy más activo y temible que el primero, pues para los Estados del Sur participa del doble carácter de político y mercantil: político, porque ellos tratan de robustecer su influencia en La Confederación, no solo absorbiéndose a Cuba, sino dividiéndola, según piensan algunos, hasta en cuatro estados, para tener de este modo ocho votos más en el senado; mercantil, porque no encontrando ya los amos de los esclavos nuevo campo donde venderlos en el territorio de la Unión, luchan por abrir en Cuba un vasto y nuevo mercado a su peligrosa mercancía.

En estas circunstancias, ¿cuál es el freno que puede contener la fuerza de esta tendencia? ¿Será el gobierno de la Confederación? ¿Será el temor de una guerra con España?

Aquel gobierno por su propia organización, es esencialmente débil, y más débil todavía por las influencias que lo dominan, pues frecuentemente se deja intimidar o arrastrar por el grito de la democracia. Esta se va desmoralizando cada día a lo menos en ciertos estados; las leyes ya no infunden aquel respeto que en tiempos anteriores; y la ambición de alcanzar el poder, o de mantenerse en él, obliga aún a los ciudadanos más distinguidos a cortejar los votos de la multitud, pues ésta es la que concede los empleos y los favores. Además, aquel gobierno trabaja por introducir en el código internacional un principio de derecho público tan extraño como inadmisible. Pretende que ninguna potencia europea se mezcle en los asuntos de América, sin advertir que mientras algunas de ellas posean colonias en el nuevo mundo, tienen un derecho incontestable a tomar parte en todas las cuestiones americanas que puedan afectar sus intereses territoriales, políticos o mercantiles. Un gobierno, pues, de tal modo constituido, que vive de tales elementos, y que tales máximas profesa, es un gobierno que no puede servir de garantía al reposo de Cuba. Ni el presidente Taylor, ni el vicepresidente Fillmore han promovido la anexión de aquella Isla; pero, sin embargo, también hemos visto realizar dos invasiones en poco más de un año. Y si esto ha sucedido con una administración moderada, y a la que debemos suponer de buena fe, y deseosa de evitar conflictos con otras naciones, ¿qué no será cuando suba a la presidencia un hombre, que ya por ideas propias, ya por ser dócil instrumento de las ajenas, propenda a la adquisición de Cuba?

El temor de una guerra con España tampoco reprimirá las miras ambiciosas de los ciudadanos del Norte. Poseídos éstos del orgullo más exagerado, créense superiores a todas las naciones; y España, que empieza ahora a reponerse de sus largos quebrantos, no les merece ni aun aquella consideración a que la hace acreedora el recuerdo de sus pasadas glorias. Paréceles muy fácil triunfar de ella, y aunque en esto se equivocan, esta equivocación los alentará a nuevas agresiones. Asentada España entre el Atlántico y el Mediterráneo, dueña en aquel de las islas Canarias y en éste de las Baleares, con ventajosas posiciones en el estrecho de Gibraltar, y ocupando en el Asia las islas Filipinas, puede lanzar muchos corsarios, y hacer un daño enorme al comercio americano. Pero si ella en esos mares puede por sí sola ofender gravemente a su enemigo, éste procuraría apoderarse, en las costas occidentales de África, de las islas de Annobón y Fernando Poo, o a lo menos de esta última, que por hallarse junto a las bocas del Níger, puede ser con el tiempo de grande importancia; hostilizaría, y probablemente ocuparía todo o parte de Puerto Rico; quizás también haría desde California serias tentativas contra Filipinas, y en cuanto a Cuba, que es el punto cardinal de la cuestión y cuya conquista sería el origen y el fin de la guerra, preciso es reconocer que todas las ventajas están a favor de la Confederación.

Situada en la vecindad de Cuba, con una escuadra mucho más fuerte que la nuestra, y con grandes recursos a mano para aumentarla rápidamente, los buques de guerra españoles en presencia de fuerzas inmensamente superiores, o tendrían que refugiarse a los puertos de la Isla, o serían batidos en lucha tan desigual, a pesar del valor de sus marinos. En ambos casos, dueño nuestro contrario de aquellas aguas, bloquearía e invadiría a Cuba. Y no se diga que esta invasión se haría en pequeño, fundándose en que el ejército norteamericano apenas cuenta doce mil hombres, porque los aventureros indígenas y europeos, que tanto abundan en aquel país, y las poblaciones del Sur y del Oeste, que tan interesadas están en la conquista de nuestra Antilla, darían huestes invasoras.

Certísimo es que el gobierno español haría una defensa desesperada; pero obstruido el comercio, emigrando las familias, huyendo los capitales, sin dinero las aduanas para sufragar los gastos ordinarios de la Isla y los extraordinarios de la guerra y sin poder recibir prontos refuerzos de España a causa de la distancia, ni tampoco tardíos por impedirlo el bloqueo, Cuba no solo quedaría completamente arruinada dentro de pocos meses, sino que abiertas todas sus costas a las legiones invasoras, éstas se apoderarían de aquel punto importante.

Tal sería el resultado inevitable de la guerra si España, en su situación actual, entrase sola en ella con los Estados Unidos. La ocupación de Cuba por éstos sería un hecho de la más grave trascendencia. Interesadas están por evitarlo todas las potencias que tienen colonias americanas, y particularmente la Inglaterra y la Francia. Siendo comunes a ellas y a España los intereses y los peligros, urgentísimo es que cubran a nuestra Isla con su égida poderosa. Este pensamiento no es nuevo; cubanos ilustres lo han tenido ya; la prensa europea se ha ocupado de él; deséanlo así los gobiernos de aquellas dos grandes naciones; y aun sería muy importante que el de los Estados Unidos se adhiriese a esta obra de salvación y de concordia. Para conservar la paz es necesario, si ya no se ha hecho, un tratado que garantice a España por cierto tiempo la tranquila posesión de aquella Antilla; pero celebrado, o por celebrarse, no debe España desatender la interna condición de Cuba. Ella clama par reformas administrativas y políticas, y sin ser mi ánimo que los extranjeros vengan a resolver nuestras cuestiones domésticas, yo sentiría profundamente que Francia e Inglaterra se olvidasen de la noble misión que ejercen en el mundo, prestando su nombre y su influjo poderoso para perpetuar en Cuba unas instituciones que ellas han condenado en sus colonias.

Peligros internos

Provienen estos, como he dicho ya, de las instituciones que rigen en Cuba, pues siendo despóticas en todos los ramos de la administración pública, el pueblo cubano carece de garantías legales, sin tener más protección que la que quiere dispensarle la prudencia o la templanza de las autoridades que mandan. ¿Será, pues, posible que aquellos habitantes estén contentos con una forma de gobierno tan arbitraria? No, y mil voces no. Pero si no lo están, ¿cómo os que el grito lanzado en Puerto Príncipe y en Trinidad no tuvo eco en ningún punto de la Isla? ¿Cómo, que en vez de juntarse a los invasores de Playitas, tan hostiles se les mostraron? Porque el pueblo cubano es enemigo de toda revolución, porque no es anexionista y aborrece la dominación extranjera, porque espera que, unido a España, gozará muy pronto de una libertad racional, y porque es de tan noble y generosos sentimientos, que olvidándose en la hora del peligro de todas las injusticias y agravios recibidos, se ha empeñado en dar a su metrópoli una nueva prueba de su lealtad inalterable. Esto es lo que el pueblo cubano ha hecho en las críticas circunstancias que acaban de pasar; pero si de aquí se quiere inferir que él ama y está contento con el despotismo que le oprime, yo a fuer de cubano, y que sé muy bien cómo piensan mis compatricios, repito que no. Y hoy puedo pronunciar este no, con la cabeza más alta que nunca, porque aunque perseguido en Cuba por revolucionario y tachado después de anexionista, este revolucionario, sin embargo, y este anexionista ha combatido dos veces la revolución y la anexión. Yo, pues, que he escrito contra ellas, y que volvería a escribir mañana, si fuese necesario, debo decir sin embargo, que tan enemigo soy de la revolución y de la anexión, como de las actuales instituciones que tiranizan a Cuba; y téngase entendido, que así como siento yo, sienten casi todos los cubanos, aunque muchos por temor o guardan un profundo silencio, o aparentan lo contrario.

Para negar a Cuba la libertad política a que tan acreedora es, se han buscado varios argumentos que yo reproduciré aquí en toda su fuerza para refutarlos uno por uno.

1.º Los derechos políticos que se concedieron a las colonias por la Constitución de 1812, fueron la causa de la independencia del continente americano: luego para que Cuba no la consiga debe estar privada de ellos

Yo a mi vez, sirviéndome del mismo argumento, pudiera decir: Cuba, Puerto Rico y Filipinas gozaron también de esos derechos, y sin, embargo no se declararon independientes; luego las concesiones políticas de la Constitución de 1812 no produjeron el resultado que se les imputa. Efectivamente, atribuir al código de Cádiz la independencia de aquellas colonias, es no solo un anacronismo escandaloso, sino un sofisma inventado por el partido servil para desacreditar en España los principios de la libertad consignados en aquella Constitución. La idea de la independencia es coetánea a la conquista de la América, y desde entonces nadie participó tanto de sus temores como el mismo gobierno, pues de ellos nacieron las injusticias contra Colón, y los recelos y desconfianza contra Cortés. Las guerras civiles del Perú entre los bandos de los Almagros y Pizarros arrastraron a uno de éstos hasta el extremo de hacerse independiente de la corona de Castilla, y de combatir con las armas a los virreyes sus representantes. España oyó en el siglo pasado los gritos de independencia que resonaron en sus colonias continentales; y en 1806 la proclamó también sin haberla conseguido el general Miranda, cuando desembarcó con 500 hombres en Coro, ciudad de Venezuela. La invasión francesa en 1808 trastornó y dejó sin gobierno a la Península; sus colonias se aprovecharon entonces de la ocasión favorable que se les presentó, y mucho antes de haberse publicado la Constitución de 1812, y aun rendido el 24 de septiembre de 1810 las Cortes constituyentes que la formaron, ya el fuego de la insurrección se había extendido por el continente americano. Pero nótese bien, y téngase muy presente, que en medio de ese incendio general, Cuba siempre se mantuvo fiel a la metrópoli, y aun la socorrió con sus caudales y la sangre de sus hijos. Para que no quede ninguna duda sobre la falsedad del argumento que estoy refutando, invocaré la autoridad de un hombre que, así por su talento y acendrado españolismo, como por haber sido uno de los diputados más influyentes de aquella época y en las posteriores, merecerá de los peninsulares una confianza que jamás podrá inspirarles ningún cubano en materias semejantes. El Conde de Toreno, después de haber indicado en el libro 13 de su Historia del levantamiento, guerra y revolución de España, algunas causas muy insignificantes que en el siglo XVIII influyeron en la independencia, y de decir que, no obstante ella, el vínculo que unía a las colonias de ultramar con su metrópoli era todavía fuerte y muy estrecho, continúa:

> Otras causas concurrieron a aflojarle paulatinamente. Debe contarse entre las principales la revolución de los Estados Unidos angloamericanos. Jefferson en sus cartas asevera que ya entonces dieron pasos los criollos españoles para lograr su independencia... Incurrió en grave error la corte de Madrid en favorecer la causa angloamericana... Dióse de ese modo un punto en que con el tiempo se había de apoyar la palanca destinada a levantar los otros pueblos del continente americano...
> Tras lo acaecido en las márgenes del Delaware, sobrevino la revolución francesa, estímulo nuevo de independencia, sembrando en América como en Europa ideas de libertad y desasosiego...

Aquí sigue Toreno refiriendo las graves turbulencias del Perú, acaudilladas por el indio Tupac-Amaro (sic), y las conmociones de Caracas en 1796, de las que fueron principales promovedores el mallorquín Picornel y el general Miranda, natural de Venezuela, y concluye diciendo, que a pesar de ellas, aun permanecían muy hondas las raíces del dominio español para que se las pudiera arrancar de un solo y primer golpe.

Requeríase, pues (prosigue Toreno), algún nuevo suceso, grande, extraordinario, que tocara inmediatamente a las Américas y a España, para romper los lazos que unían a entrambas, no bastando a efectuar semejante acontecimiento ni lo apartado y vasto de aquellos países, ni la diversidad de castas y sus pretensiones, ni las fuerzas y riqueza que cada día aumentaban, ni el ejemplo de los Estados Unidos, ni tampoco los terribles y más recientes que ofrecía la Francia; cosas todas que colocamos entre las causas generales y lejanas de la independencia americana, empezando las y más próximas en las revueltas y asombros que se agolparon en el ano 1808.

En un principio y al hundirse el trono de los Borbones manifestaron todas las regiones de Ultramar en favor de la causa de España verdadero entusiasmo, conteniéndose a su vista los pocos que anhelaban mudanzas. Vimos en su lugar la irritación que produjeron allí las miserias de Bayona, la adhesión mostrada a las juntas de Provincia y a la central, los donativos, en fin, y los recursos que con larga mano se suministraron a los hermanos de Europa. Mas apaciguado el primer hervor, y sucediendo en la península desgracia tras desgracia, cambióse poco a poco la opinión, y se sintieron rebullir los sentimientos de independencia, particularmente entre la mocedad criolla de la clase media y el clero inferior. Fomentaron aquella situación los ingleses, temerosos de la caída de España; fomentáronla los franceses y emisarios de José, aunque en otro sentido y con intento de apartar aquellos países del gobierno de Sevilla y Cádiz, que apellidaban insurreccional; fomentáronla los angloamericanos, especialmente en México; fomentáronla, por último, en el Río de la Plata los emisarios de la infanta doña Carlota, residente en el Brasil, cuyo gobierno independiente de Europa no era para la América meridional de mejor ejemplo que lo había sido para la septentrional la separación de los Estados Unidos.

A tantos embates necesario era que cediese y empezase a crujir el edificio levantado por los españoles más allá de los mares, cuya fábrica hubo de ser bien sólida y compacta para que no se resquebrajase antes y viniese al suelo...
Verificóse el primer estallido sin convenio anterior entre las diversas partes de la América, siendo difíciles las comunicaciones y no estando entonces extendidas ni arregladas las sociedades secretas que después tanto influjo tuvieron en aquellos sucesos. El movimiento rompió por Caracas, tierra acostumbrada a conjuraciones; y rompió, según ya insinuamos, al llegar la noticia de la pérdida de las Andalucías y dispersión de la junta central.

El 19 de abril de 1810 apareció amotinado el pueblo de aquella ciudad, capital de Venezuela, al que se unió la tropa; y el cabildo, o sea ayuntamiento, agregando a su seno otros individuos, erigióse en junta suprema, mientras que, conforme anunció, se convocaba un congreso... Siguieron el impulso de Caracas las otras provincias de Venezuela, excepto el partido de Caco y Maracaibo, en cuya ciudad mantuvo la tranquilidad y buen orden la firmeza del gobernador don Fernando Miyares.

...Alzó también en Buenos Aires el grito de independencia al saber allí, por un barco inglés que arribó a Montevideo el 13 de mayo, los desastres de las Andalucías...

...Montevideo, que se disponía a unir su suerte con la de Buenos Aires, detúvose noticioso de que en la Península todavía se respiraba, y de que existía en la isla de León con nombre de regencia un gobierno central.

No así el nuevo reino de Granada, que siguió el impulso de Caracas, creando una junta suprema el 20 de julio (de 1810).

Acaecieron luego en Santa Fe, en Quito y en las demás partes altercados, divisiones, muertes, guerra y muchas lástimas, que tal esquilmo coge de las revoluciones la generación que las hace. Entonces y largo tiempo después se mantuvo el Perú quieto y fiel a la madre patria, merced a la prudente fortaleza del virrey don José Fernando Abascal y a la memoria aun viva de la rebelión del indio Tupac-Amaro y sus crueldades.

Tampoco se meneaba Nueva España, aunque ya se habían fraguado varias maquinaciones, y se preparaban alborotos de que más adelante daremos noticia.

»Por lo demás, tal fue el principio de irse desgajando del tronco paterno, y una en pos de otras ramas tan fructíferas del imperio español.«

He aquí la Constitución de 1812 absuelta por un juez español, y sin duda de los más competentes, del crimen revolucionario que se le imputa. Y sin embargo, el Conde de Toreno, ya por falta de valor para decir toda la verdad, ya por una parcialidad que rebaja al historiador, calló algunos de los motivos principales de la independencia. Otro célebre español, con menos artificio oratorio, pero con más franqueza y concisión que él, expuso en breves palabras, desde el pasado siglo, muchas de las causas verdaderas de aquel acontecimiento. Reconocida por España la independencia de los Estados Unidos, el Conde de Aranda previó desde entonces la suerte futura de todo el continente americano, y en el informe reservado que presentó a Carlos III en 1783, se expresó así:

Dejo aparte el dictamen de algunos políticos tanto nacionales como extranjeros, en que han dicho que el dominio español en las Américas no puede ser duradero, fundados en que las posesiones tan distantes de su metrópoli, jamás se han conservado largo tiempo. En el de aquellas colonias ocurren aún mayores motivos, a saber: la dificultad de socorrerlas desde Europa cuando la necesidad lo exige; el gobierno temporal de virreyes y gobernadores, que la mayor parte van con el objeto de enriquecerse; las injusticias que algunos hacen a aquellos infelices habitantes; la distancia de la soberanía y del tribunal supremo donde han de acudir a exponer sus quejas; los años que se pasan sin obtener resolución; las vejaciones y venganzas que mientras tanto experimentan de aquellos jefes; la dificultad de descubrir la verdad a tan larga distancia; y el influjo que dichos jefes tienen, no solamente en el país con motivo de su mando, sino también en España, de donde son naturales: todas estas circunstancias, si bien se mira, contribuyen a que aquellos naturales no estén contentos, y que aspiren a la independencia siempre que se les presente ocasión favorable.

Esta ocasión se les presentó con la invasión francesa en 1808, y la independencia de las colonias continentales se realizó, no a impulso de la Constitución de 1812, sino por las causas ya manifestadas.

2.º Cuando rigió en Cuba esa Constitución hubo algunos desórdenes en las elecciones; luego para que no se repitan, Cuba siempre debe ser esclava

Según el modo de presentar este argumento, podría creerse que todo aquel período fue una serie continua de desórdenes, cuando en realidad no los hubo sino en La Habana a fines de 1822; y para apreciarlos en su verdadero valor, es menester subir a su origen. Bien sabido es que aquella Constitución era esencialmente democrática, y que en ninguno de los períodos de su existencia se hizo ley que reglamentase las elecciones. Esto no obstante, las razas india y africana quedaron enteramente excluidas por ella de todos los derechos políticos; y aunque la primera pereció en Cuba mucho tiempo ha, los individuos de la segunda jamás se acercaron a las urnas electorales. Conviene expresarlo así, para que no se piense que los desórdenes que se alegan provinieron del choque entre los negros y los blancos. Estos ocuparon solo el campo electoral, y tan amplia entrada tuvieron en él, que yo nunca he visto, ni en los Estados Unidos de Norteamérica, ni en la presente república francesa, un sufragio tan universal como el que se gozó en La Habana en 1822. Votaban los propietarios y gente honrada al lado de los hombres perdidos y aun criminales que se paseaban impunemente, no por efecto de aquella Constitución, sino de los antiguos vicios introducidos por el despotismo; votaban en masa los soldados de los regimientos; votaban las tripulaciones de los buques mercantes recién llegados de la Península, con papeletas falsas de domicilio que se les daba; y votaban, en fin, hasta los niños de doce años de algunas escuelas y colegios. ¿Qué extraño, pues, debe ser que unas elecciones, cuyo arranque procedía de tan desordenados elementos, diesen margen a algunos desórdenes? Lo admirable es que hubiesen sido tan pocos, y esos pocos demuestran que si el pueblo cubano tuvo desde entonces bastante cordura y aptitud para salir triunfante de la prueba más terrible en que se le puso, hoy con una ley circunspecta daría un magnífico resultado. ¿Bajo el imperio del código de Cádiz no se cometieron también en España abusos mayores que en Cuba? ¿Y acaso ha dicho alguno por eso, que se acabe en la Península el gobierno representativo, ni que perezcan todas sus libertades? Como no espero que el gobierno de la metrópoli conceda a Cuba de un golpe todos los derechos políticos que desde ahora pudiera darle sin ningún inconveniente, me contentaría con que tomase por base la propiedad y que para su mayor confianza elevase, si le parece, el censo electoral a una alta cantidad, atendidas las riquezas de Cuba. Un colegio electoral compuesto, no ya de propietarios, sino de propietarios ricos, es un colegio que ofrece a Cuba y a España las más firmes garantías, y negarnos aún esta pequeña justicia so pretexto de lo acaecido en tiempo de las anárquicas elecciones de la Constitución de 1812, es uno de los actos que más perjudican a la feliz armonía que debe reinar entre la colonia y su metrópoli.

3.º Cuba, bajo el gobierno que la rige, se ha ilustrado y enriquecido; luego no necesita la libertad política

Cabalmente por las mismas razones, ella debe ser libre, pues siendo ilustrada, conoce sus derechos, y odia la tiranía; y siendo rica, tiene más intereses que defender, y más necesidad de garantías políticas para conservarlos.

Las luces y riqueza que Cuba ha adquirido, en vez de ser obra del despotismo, son conquistas que ha hecho luchando contra él: ¿No es verdad, que si ella hubiese sido libre, estaría incomparablemente más ilustrada y más rica que hoy? Su ilustración proviene de que un número considerable de cubanos han recibido su educación en países extranjeros; de que otros muchos han viajado, ya solos, ya con sus familias por América y Europa; de que vueltos a su tierra han derramado en ella las luces que han recogido; del contacto en que el comercio ha puesto a aquellos habitantes con las naciones civilizadas; y del instinto o fuerza interna que llevan en sí las sociedades, principalmente las nuevas, para mejorar su condición, a pesar de las trabas que se les pongan. No afirmaré yo que nada se debe al gobierno, porque esto sería una falsedad y una injusticia; pero más falsedad e injusticia sería considerar como resultado del despotismo la poca o mucha ilustración que poseemos.

La prosperidad material de Cuba debida es a sus fertilísimos terrenos, a los brazos africanos que los cultivan, a la excelencia de sus frutos y a los buenos precios que han tenido en los mercados extranjeros. De estas cuatro causas, tres son absolutamente independientes del gobierno, y la única que ha emanado de él, ojalá que nunca hubiera existido, pues aunque sin negros fuésemos hoy menos ricos, también estaríamos libres de las inquietudes del porvenir. ¿Y acaso corresponde esa tan decantada prosperidad a los elementos de riqueza que Cuba encierra en su seno? Recórranse sus pueblos y sus campos, y al contemplar muchos de aquéllos tan atrasados, y la mayor parte de éstos tan incultos todavía, unos y otros me servirán de testimonio irrefragable contra los que osaren desmentirme.

Mas concédase que los intereses materiales de Cuba hayan llegado ya al estado más floreciente. ¿Se dirá por eso que ella es realmente feliz? La alta misión de un gobierno no está circunscrita a tan reducida esfera; otros deberes sagrados reclaman su atención, y ningún pueblo pide reformas políticas, sociales y morales con más urgencia que Cuba. Negarse por más tiempo a introducirlas, es correr desbocadamente al abismo donde todos podemos perecer. El progreso de las sociedades modernas, y del que aquella Isla también participa, ha creado nuevas necesidades y nuevos sentimientos; y si en años anteriores los cubanos vivían contentos con las ideas que heredaron de sus padres, hoy se consideran desgraciados, porque carecen de toda libertad.

Los que para privarnos de ella avanzan el argumento que estoy refutando, no reparan en las armas terribles que ofrecen al despotismo, porque bajo su acción e influjo los pueblos pueden ilustrarse y engrandecerse, ¿por qué se declama entonces tanto contra él? ¿Dónde están los males que se le achacan? Si él da lo mismo que la libertad, ¿qué necesidad hay de cambiar la forma de los gobiernos? Las naciones que viven subyugadas por el absolutismo, deben seguir viviendo bajo su cetro, y pecarían contra sus intereses, si intentasen salir aun por los medios más legítimos, de un estado tan venturoso.

El adelantamiento material de un país no es signo para juzgar de la bondad de sus instituciones, porque a veces existen principios e influencias de tanta vitalidad, que él no tiene fuerzas para sofocarlos. Venecia, en la Edad media, se engrandeció territorial y mercantilmente más que ninguna otra nación europea; y con todo eso, los ciudadanos de aquella república gimieron bajo la espantosa tiranía del Consejo de los Diez y de la Inquisición de Estado. En el presente siglo, y en medio de los desórdenes de un régimen absoluto, han hecho progresos materiales el Piamonte, la Lombardía, la Toscana, Nápoles, Rusia y otras naciones; y las mismas colonias del continente américo-hispano, comparando lo que fueron en el siglo XVI con lo que llegaron a ser al tiempo de su independencia, prueba evidentísima es de que los pueblos pueden mejorar su condición aun bajo las instituciones más despóticas. Si algunos de nuestros hermanos peninsulares están convencidos de que los adelantos materiales son para sí solo bastantes para hacer felices a los pueblos regidos despóticamente, ¿por qué no se contentan ellos con la misma dosis de felicidad que recetan a los cubanos? ¿Por qué no piden que se ahogue en España la libertad de imprenta, que se abata la tribuna, se cierre el Parlamento y se rompa de una vez la máquina que compone el gobierno representativo? Cuando la tiranía pesaba sobre la metrópoli, delirio habría sido que las colonias reclamasen de ella principios de libertad; pero después que ésta se ha sentado en el trono de Castilla, monstruosa contradicción es mantener a Cuba bajo el imperio de las caducas instituciones que le legaron los monarcas absolutos.

**4.º Las antiguas Leyes de Indias son la verdadera legislación
colonial: modificadas, satisfacen a todas las necesidades
de Cuba; luego no deben introducirse en ella novedades
políticas**

A tan repetido y viejo argumento contestaré con razones, parte de
las cuales he dado ya en otro tiempo.

Las reformas políticas que exige Cuba, son inconciliables con
la legislación indiana. Los nueve libros que componen la Recopilación de Leyes de Indias no forman un código político, civil,
criminal, de ninguna especie. Como lo indica su mismo nombre,
no son el fruto de un plan combinado, sino el conjunto de las nu-
merosas disposiciones que para los vastos países de América se
fueron dictando en diversas circunstancias, durante el espacio de
casi dos siglos. Al cabo de este tiempo, tanto vino a ser la muchedumbre de células, ordenanzas, cartas, provisiones, y tanta su
incoherencia y confusión, que a veces ni los gobernantes sabían
lo que mandaban, ni los gobernados lo que habían de obedecer.
Para salir de este laberinto, mandáronse compilar las disposiciones
que andaban desparramadas por los archivos del reino: mas hecho
este trabajo sin el debido discernimiento, se hacinaron leyes sobre
leyes, resultando no un código sencillo y filosófico, sino un centón
en que se amontonó lo bueno y lo malo que para la América se había ordenado. Ya desde el reinado de Felipe II se pensó hacer una
compilación, pero con alteraciones considerables: y si esto sucedió
en el siglo XVI, ¿qué no será hoy, que nos hallamos a la mitad del
XIX? Preciso sería rehacer enteramente las leyes de Indias; pero
rehacerlas, sería destruirlas; y para destruirlas, mejor es levantar
de nuevo el edificio.

Importa mucho advertir que Cuba no fue el punto de América a
que se dirigió la Recopilación indiana. Clavados los ojos de España en las minas de oro y plata del continente; cargó hacia él la fuer-

za de la emigración europea, y las cuatro grandes Antillas que se habían empezado a poblar desde fines del siglo XV y principio del XVI, quedaron casi abandonadas. Enflaquecidas con la pérdida de gente y capitales, viéronse olvidadas del gobierno, y en el cúmulo de leyes que encierra aquella compilación, rara vez se oye sonar el nombre de Cuba. ¿Cómo, pues, aplicarle una legislación que no se formó para ella, y en que no se consultaron sus intereses ni necesidades? Diríase que siendo parte de la América, se encuentra en iguales circunstancias que los países continentales, y que por lo tanto puede regirse por las mismas leyes. Fácil sería demostrar que unas regiones tan dilatadas como las que abrazaron las colonias américo-hispanas, bien difieren unas de otras bajo muchas relaciones; pero sin entrar en esta discusión, porque ella me conduciría a un término demasiado lejos, bastará observar, que una parte de la Recopilación indiana se refiere exclusivamente a la situación peculiar de algunas colonias continentales, cuyas leyes, en razón de su misma especialidad, no pueden convenir a Cuba. Otra parte, mayor que la primera, tuvo por objeto principal la policía de los indios y el arreglo de las relaciones entre ellos y los españoles; y como hace mucho más de dos siglos que los indígenas perecieron en nuestra Isla, no puede aplicarse con acierto a sus actuales habitantes lo que se había ordenado para una raza de hombres del todo diferentes.

Aun cuando no existiese ninguna de las razones anteriores, nunca sería atinado regir a Cuba por las leyes de Indias. Si en los tiempos que siguieron a la conquista se creyó que con ellas se podía hacer feliz a la América, hoy pensarlo así es una fatal ilusión. Las circunstancias políticas, mercantiles y morales han cambiado mucho, y condenar a Cuba a vivir bajo los restos del código indiano sería perpetuar sobre ella el yugo de la esclavitud. La prosperidad material de Cuba exigió la abolición de muchas leyes de Indias, y su importancia política, y aun su dignidad moral, claman por la derogación de casi todas las restantes. No hay duda que algunas honran la memoria del gobierno que: lo dictó, porque se propusieron salvar la raza indígena de los horrores de la conquista: pero las demás, en su conjunto, consideradas mercantilmente, son protectoras del monopolio y enemigas de todo progreso; consideradas judicialmente son tan imperfectas, que no pudiendo decidirse por ellas ni en lo civil ni en lo criminal, es menester acudir a los códigos de Castilla; consideradas literalmente, lejos de elevarse a la altura de los conocimientos modernos contienen disposiciones que son la mengua de la ilustración consideradas religiosamente son un monumento de la intolerancia y persecución del siglo XVI; consideradas, en fin, bajo el aspecto político, son bárbaras y tiránicas, pues que arman a los gobernantes de las facultades más terribles. Tal es el código de Indias, y tal el código que se recomienda para hacer feliz a Cuba.

Y ya que de él se prevalen algunos para negarnos derechos políticos, yo también me fundaré en él para que se nos concedan. La ley 13, título 2.º, dice:

Porque siendo de una corona los reinos de Castilla, y de las Indias, las leyes y orden del gobierno de los unos y de los otros deben ser lo más semejantes y conformes que ser pueda, los de nuestro Consejo en las leyes y establecimiento que para aquellos estados ordenaren, procuren reducir la forma y manera del gobierno de ellas al estilo y orden que son regidos y gobernados los reinos de Castilla y de León, en cuanto hubiese lugar, y permitiere la diversidad y diferencia de las tierras y naciones.

Esta ley abraza dos puntos. 1.º Que las leyes, orden y forma de gobierno de España y de América deben ser lo más semejantes y conformes que ser puedan. 2.º Que esta semejanza y conformidad no se tome en un sentido tan absoluto, que todo lo que se estableciere en España, se aplique siempre y sin variación alguna a la América. Infiérese de aquí que las instituciones y las leyes deben ser unas mismas para acá que para allá, cuando lo permitan las circunstancias locales; y cuando no, que se modifiquen, procurando siempre que sean entre sí lo más semejantes y conformes que ser puedan. Modificar, pues, las instituciones y la legislación, es lo único que permite esta ley; pero modificación es cosa muy distinta de oposición y contrariedad; y oposición y contrariedad hay entre el despotismo y la libertad, y por consiguiente, entre la forma de gobierno de Cuba y la forma de gobierno de España. A los que para Cuba piden la aplicación de las leyes de Indias, yo les pido también el cumplimiento de lo que acabo de citar.

5.º Cuba tiene muchos esclavos: luego no puede gozar de libertad política

¿Y de cuándo acá la esclavitud doméstica ha sido obstáculo para que en los países donde existe gocen los hombres libres de derechos políticos? Esa lamentable institución fue tan general en la antigüedad, que hasta las repúblicas más libres se apoyaron en ella.

Las de Grecia, plagadas estuvieron de esclavos, y en Atenas, la más floreciente de todas, y en algunas otras, ellos excedieron en mucho al número de ciudadanos.

Abundaron tanto en Cartago, que cartagineses hubo que los poseyeron a millares. Empleólos también la república como remeros en sus galeras de guerra, y las 350 que entraron en combate con las romanas, en la primera guerra púnica, llevaron a su bordo, según los datos que nos ha dejado Polibio, el asombroso número de ciento cinco mil.

Roma, la conquistadora del mundo, echó las cadenas de la esclavitud personal sobre una porción considerable del género humano; pero en medio de su inmensa muchedumbre los ciudadanos ejercían en el senado y en los comicios los derechos políticos que aseguraban su orgullosa libertad.

Mucho antes que Venecia hubiese perdido la suya, ya poseyó esclavos, y de ellos hizo un vasto comercio con varias naciones. Tuviéronlos también, y el mismo tráfico hicieron, las repúblicas de Pisa, Florencia y Génova en los días más gloriosos de su libertad.

Los Estados Unidos de Norteamérica, cuando eran colonias, gozaron de amplios derechos políticos y religiosos, no obstante que tenían muchos esclavos, y que en algunas provincias éstos eran más numerosos que los libres. Así, sucedió en Virginia, y particularmente en la Carolina del Sur, donde en 1740 había tres esclavos para cada blanco. Hoy mismo, aquella república alimenta en sus entrañas tres millones, y a pesar de que están reconcentrados en los Estados del Sur, y que en algunos de ellos hay casi tantos esclavos como blancos, nadie por eso ha soñado, en América ni en Europa, en coartar los derechos de aquellos republicanos.

El Brasil goza de gobierno representativo y de una constitución liberal: sin embargo, así antes como después de haberla alcanzado, el número de los esclavos fue muy superior al de los blancos.

Lleguemos, por fin, a los países que más semejanza tienen con Cuba,[10] ya por ser colonias como ella, ya por formar parte de las mismas Antillas; pero antes de la demostración que voy a presentar, debo advertir que las inglesas gozaron de derechos políticos y asambleas legislativas desde los siglos XVII y XVIII cuando existía en ellas en todo su vigor la esclavitud, pues la ley de emancipación no se promulgó hasta el año de 1834; y que las francesas tuvieron consejos coloniales popularmente nombrados desde 1833, en cuya época la Francia no había emancipado todavía a sus esclavos, pues esto no aconteció hasta 1848.

Hecha esta advertencia, empecemos por las Antillas inglesas, y veamos cuál fue su población blanca y esclava, según los censos que se formaron entre los años de 1817 y 1832, período anterior a la ley de emancipación.

Según el censo de 1836, la Isla de Borbón tuvo 69.296 esclavos.[11] Los blancos, indios y libres de color ascendieron a 36.803; pero como esas tres clases se incluyeron indistintamente en una sola partida, me es imposible determinar el número de blancos; bien que éstos no llegaban ni aun a la mitad de aquel total.

Para que resalte más la diferencia, veamos cuál es la población de Cuba. El censo de 1846 fijó los blancos en 425.767, y los esclavos en 323.759. A mi objeto convendría adoptar este último número; pero queriendo dar una prueba de la imparcialidad con que

10 Algunos creen que la población blanca solamente llegaba entonces a 30.000.
11 Aunque la Guayana y la isla Borbón no pertenecen a las Antillas, cumple a mi propósito hacer mención de ellas.

escribo, le desecho como muy bajo, y aunque se me tache de exageración, le elevo a 500.000. Pues bien, aun así aparecerá que para cada esclavo hay casi un blanco; resultado que está muy distante de ofrecer ninguna de las Antillas inglesas ni francesas. Y si ellas, a pesar de haberse hallado en circunstancias tan desventajosas, han disfrutado de derechos políticos, ¿por qué ha de vivir Cuba eternamente privada de ellos?

6.º Las actuales instituciones

¿Por qué nadie tiene confianza en el porvenir? ¿por qué están los capitalistas sacando de la Isla todo el dinero que pueden? ¿Cómo se explican las frecuentes alarmas, las prisiones y destierros numerosos, las invasiones en parte fomentadas por el descontento cubano, los alzamientos de Puerto Príncipe y Trinidad, y los patíbulos en que ya se derrama la sangre de los cubanos? Estas son cosas que jamás se han visto en Cuba, y una política que está dando tan tristes resultados, es una política detestable, y que irremediablemente nos conducirá tarde o temprano a la catástrofe más desastrosa. Si la libertad reinase en Cuba, entonces quizá podrían atribuirse a deseos inmoderados de sus hijos los acontecimientos que deploramos; pero cuando el despotismo es el régimen que en ella impera, el despotismo, y solo el despotismo es el único responsable de esas desgracias y de otras mayores que más adelante vendrán.

De él nació la primera idea de la anexión, y su mano fatal es la que ha regado tan peligrosa semilla por la superficie de aquel suelo. Desesperanzados de alcanzar reformas políticas de España, volvieron algunos la vista hacia el Norte, como el punto de donde había de bajarles la libertad, y este pensamiento, propagado allí y en Cuba, ha dado origen a los sucesos ocurridos. Muy funestos para la metrópoli hubieran podido ser, si la alarma general que acerca de la esclavitud produjo en Cuba la revolución francesa, no se hubiese desvanecido enteramente; pero aunque desvanecida la idea primordial, no se ha borrado ni borrará mientras subsista la causa que la engendró. Del temor de la anexión provino el de la invasión, del de la invasión el aumento considerable de fuerzas marítimas y terrestres, de ese aumento la absorción de los sobrantes que Cuba enviaba a España y la imposición de nuevas contribuciones, y de éstas un nuevo germen de descontento, que juntándose al producido por el sistema político, comprometen más y más la situación. Tómase desgraciadamente el efecto por la causa, y no se quiere reconocer que la anexión o independencia no sería el principio, sino el medio, el resultado extremo que se buscaría para salir de la opresión. El día que se diese a Cuba libertad, ése sería el de la muerte infalible de todo proyecto trastornador. Cien mil bayonetas que el gobierno enviase a ella, no tendrían tanta fuerza para afianzar el dominio español como la concesión de libertades políticas. Esto lo jura por su honor un cubano que es cubano, y que lee esta verdad en el corazón de los cubanos.

Témense las concesiones, porque dicen que ellas a la larga pueden producir la independencia; pero esos tímidos no advierten que el actual sistema nos está llevando a una revolución y a un conflicto con los Estados Unidos, porque estallando aquélla, imposible será evitar que millares de norteamericanos, movidos por su interés, se presenten en Cuba como auxiliadores. Estos peligros son ciertos; caerán sobre ella dentro de un plazo más o menos corto, y si funestos a la hija, también lo serán a la madre: mas la tan temida independencia es absolutamente imposible en nuestros días, casi imposible en un remoto porvenir, y si por un raro evento se llegara a realizar en el largo transcurso de los tiempos, sería con mutuas ventajas de la colonia y la metrópoli, pues a ésta le quedaría allí una rama frondosa del tronco español y un rico mercado español. Táchase a Cuba de independiente, pero su conducta en medio de los extraordinarios acontecimientos de 1851, ¿no ha mostrado hasta la evidencia que no abriga tales sentimientos? ¿No ha muchos años que el escudo de sus armas lleva por blasón el dictado de siempre fiel? ¿Y no acaba de realzar este timbre la mano augusta de Isabel II? ¿Pues entonces, por qué se desconfía de los cubanos? Si se les tiene por leales, ¿por qué son cadenas políticas la recompensa de tanta lealtad? Pero si no lo son ¿por qué se les halaga con un título que no merecen?

Esa acusación de independencia, que en voz alta o a la sordina se repite contra Cuba, procede del error de haberla identificado con las colonias del continente americano, sin atender a que las circunstancias de éstas y las de aquéllas son esencialmente diversas. Las colonias continentales de España estaban asentadas en la vasta superficie que se extiende desde la California hasta la Patagonia, y desde las aguas del Atlántico hasta las playas del Pacífico; mas Cuba solo ocupa un espacio muy pequeño en el mar de las Antillas. La población de aquéllas era muy superior en número a la de su metrópoli; mas la de Cuba, por ser muy escasa, está compuesta en mucha parte de peninsulares. Defendían a aquélla de los ataques exteriores la inmensa distancia que las separa de Europa, la dificultad de sus comunicaciones internas, la espesura de sus bosques y la fragosidad de sus montañas; mas Cuba dista menos de España, y menos todavía por los prodigios del vapor, apenas entonces conocidos; es de fácil acceso por todas sus costas, y en razón de su misma pequeñez, está cortada de caminos en casi todas sus direcciones. Propagado en aquéllas el fuego de la insurrección ¿cómo sujetar a un tiempo países tan inmensos y tan lejanos? ¿Si todo el gran poder de Inglaterra no habría podido someterlos, sería bastante a conseguirlo una nación empobrecida, sin ejércitos ni escuadras, y que acababa de salir, tan postrada, de la sangrienta lucha con el Capitán del siglo? Cuba, empero, por su corta extensión, tiene menos recursos para su defensa, pues estrechado por la naturaleza el circo de sus maniobras militares, puede el gobierno reconcentrar con ventaja en un solo punto todas las fuerzas de la nación, y cargar con ellas sobre una débil Antilla, abierta por todas partes a los golpes del enemigo.

A estas reflexiones que hice de mi primer papel contra la anexión, añadiré ahora tres más.

1.ª El conde de Aranda, en su informe ya citado, predijo con un espíritu profético, la conducta futura de los Estados Unidos, y la pérdida para España de todas sus posesiones continentales; pero jamás le pasó por el pensamiento la idea de que Cuba y Puerto Rico pudieran hacerse independientes. Así fue, que cuando aconsejó a Carlos III que se desprendiese de todas las colonias del continente de América, y coronase en ella tres infantes de España, el uno en México, el otro en el Perú, y el otro en la restante de Tierra Firme, también le propuso que se quedase únicamente con las islas de Cuba y Puerto Rico en la parte septentrional, y alguna que más conviniese en la meridional, a fin de que sirviese de escala o depósito para el comercio español. Y el conde de Aranda así lo propuso, porque considerando este asunto, no con las pasiones y preocupaciones del día, sino con los ojos de un profundo político, estaba íntimamente penetrado de que Cuba no podía ser independiente ni aun en el más remoto porvenir.

2.ª Gozando ya España de un gobierno liberal, cobrará cada día nuevas fuerzas, y como tiene tantos elementos para engrandecerse, no tardará mucho en ser una nación poderosa: de manera, que aun cuando Cuba intentase, allá en tiempos remotos, adquirir una existencia propia, ya tendría que habérselas con una metrópoli capaz de subyugar a colonias mucho más grandes y fuertes que ella. Esta convicción bastaría por sí sola para retraer a los cubanos de entrar en una lid, cuyos resultados frustrarían todas sus esperanzas. ¿Y por qué, cuando ya tuviesen libertad, habrían de aventurar todas las ventajas que a la sombra de ella gozasen? ¿Por qué romper unos vínculos que serían dulces y provechosos a los padres y a los hijos?

3.ª La desmesurada ambición de los Estados Unidos presenta ya un obstáculo inmenso a la verdadera independencia de Cuba, pues aun suponiendo que ésta llegase a conseguirla, muy pronto la perdería, porque sin fuerzas propias para defenderse, y privada del apoyo de su antigua metrópoli, víctima sería de la rapacidad americana, en cuyas garras perecerían sus tradiciones, su nacionalidad y hasta el último vestigio de su lengua.

Refutados los argumentos en que se fundan los enemigos de la libertad cubana, yo pregunto a las cortes, al gobierno, y a la España entera, ¿es prudente y político mantener en continuo choque los sentimientos de lealtad de los cubanos con los nobles deseos de libertad que los animan, y que permanezcan quejosos y descontentos a la vista de un pueblo vecino que codicia la posesión de Cuba, y que a todas horas los convida y halaga con las libres instituciones de que él goza?

¿Es justo y político, que un pueblo que paga anualmente al Estado tantos millones de pesos fuertes, no tenga ni aun por medio de la clase más rica e inteligente ninguna intervención en el modo de imponer las contribuciones, ni en la inversión que se les da?

¿Es justo y político, que hasta el hombre más rico, influyente e ilustrado carezca del simple derecho de nombrar un regidor?

¿Es justo y político, que cuando en los dos períodos de 1812 a 1814, y de 1820 a 1823 se dieron a Cuba por la Constitución que entonces regía, derechos iguales a los de la metrópoli, y que cuando por el Estatuto Real de 1834 se le permitió enviar sus representantes a las cortes nacionales, se la haya despojado después de toda la libertad de que gozaba?

¿Es justo y político, que cuando en la Constitución de 1837 se le prometió gobernarla por leyes especiales, es decir, por leyes no tiránicas, sino libres y conformes a sus necesidades, y al espíritu de las instituciones de la madre patria, ella al cabo de más de catorce años esté gimiendo todavía bajo el yugo del despotismo?

¿Es justo y político, que cuando la Península ha sacudido las cadenas que la esclavizaban, y recobrado su antigua libertad, Cuba, por cuyas venas circula también la sangre española, no sea digna de merecer ni una sola concesión liberal?

¿Es justo y político, que cuando España se gloría hoy de pertenecer al número de los pueblos libres, esa misma España se esfuerce en mantener el número de los esclavos a Cuba, su hija predilecta?

¿Es justo y político, en fin, que cuando las Antillas inglesas y francesas, con menos riqueza, con menos importancia, y con menos población blanca, pero sí comparativamente con muchos más esclavos que Cuba, han tenido largos años ha sus consejos y asambleas coloniales, ella forme un contraste tan doloroso con sus hermanas las islas del mismo archipiélago?

Abra el gobierno los ojos, y salve a Cuba del abismo en que va a hundirse. Desconfíe y cierre los ojos a sugestiones, que aun suponiéndolas siempre dictadas con la mejor intención, son tan erróneas como peligrosas. Reflexione que con una imprenta completamente encadenada, sin corporaciones en que entre el más mínimo elemento popular, y sin órgano fiel de ninguna especie que sirva de intérprete a los sentimientos de Cuba, él no puede conocer la opinión verdadera de aquel país. Así es que, a su pesar se halla rodeado de tinieblas, y cuando le parece que va por buena senda, corre derecho a un precipicio. Yo sé que mi voz le es sospechosa; pero si consulta los intereses nacionales, ellos le dirán que la escuche como imparcial y amiga. Reine España, y reine por siempre en Cuba; mas para que su reinado sea dichoso, es menester que impere, no solo en el territorio cubano, sino en el corazón de sus habitantes, y ambos fines conseguirá dándoles instituciones liberales: instituciones que robustecidas con un trato, que si no hecho, será preciso hacer, removerán todos los peligros y le asegurarán sin ejércitos ni escuadras la tranquilidad y perdurable posesión de la reina de las Antillas.

París, octubre 28 de 1851.

Libros a la carta

A la carta es un servicio especializado para

empresas,

librerías,

bibliotecas,

editoriales

y centros de enseñanza;

y permite confeccionar libros que, por su formato y concepción, sirven a los propósitos más específicos de estas instituciones.

Las empresas nos encargan ediciones personalizadas para marketing editorial o para regalos institucionales. Y los interesados solicitan, a título personal, ediciones antiguas, o no disponibles en el mercado; y las acompañan con notas y comentarios críticos.

Las ediciones tienen como apoyo un libro de estilo con todo tipo de referencias sobre los criterios de tratamiento tipográfico aplicados a nuestros libros que puede ser consultado en Linkgua-ediciones.com.

Linkgua edita por encargo diferentes versiones de una misma obra con distintos tratamientos ortotipográficos (actualizaciones de carácter divulgativo de un clásico, o versiones estrictamente fieles a la edición original de referencia).

Este servicio de ediciones a la carta le permitirá, si usted se dedica a la enseñanza, tener una forma de hacer pública su interpretación de un texto y, sobre una versión digitalizada «base», usted podrá introducir interpretaciones del texto fuente. Es un tópico que los profesores denuncien en clase los desmanes de una edición, o vayan comentando errores de interpretación de un texto y esta es una solución útil a esa necesidad del mundo académico.

Asimismo publicamos de manera sistemática, en un mismo catálogo, tesis doctorales y actas de congresos académicos, que son distribuidas a través de nuestra Web.

El servicio de «libros a la carta» funciona de dos formas.

1. Tenemos un fondo de libros digitalizados que usted puede personalizar en tiradas de al menos cinco ejemplares. Estas personalizaciones pueden ser de todo tipo: añadir notas de clase para uso de un grupo de estudiantes, introducir logos corporativos para uso con fines de marketing empresarial, etc. etc.

2. Buscamos libros descatalogados de otras editoriales y los reeditamos en tiradas cortas a petición de un cliente.

www.ingramcontent.com/pod-product-compliance
Lightning Source LLC
LaVergne TN
LVHW040205180726
843489LV00007B/2711

9788490078211